MAMÁ, ¿ME LO COMPRAS?

Hojas en blanco 45, 48, 49
41, 44, 56
52, 53, 59

Nessia Laniado

MAMÁ, ¿ME LO COMPRAS?

EDITORIAL DIANA
MÉXICO

PRIMERA EDICIÓN, JUNIO DE 2005

Diseño de portada: Salvador Martínez

ISBN 968 – 13 – 4057 – 4

Copyright © 2001 by Red Edizioni Spa, Novara.

DERECHOS RESERVADOS ©
Título original: *Mamma, me lo compri?*
publicado por contrato con
Boroli Editore spa, Via S. Pellico, 10,
Novara, Italia.
Traducción: Fco. Perea – Aurora Pérez de Fdez.
Copyright © 2005, por
EDITORIAL DIANA, S.A. de C.V.
Arenal N° 24, Edificio Norte,
Col. Ex Hacienda Guadalupe Chimalistac,
México D.F., C.P. 01050.
Tel (55) 50 89 12 20
www.diana.com.mx

DIANA

IMPRESO EN MÉXICO – PRINTED IN MEXICO

CONTENIDO

¿EL PORQUÉ DE ESTE LIBRO?

Quien manda en mi casa es el préstamo, el que nos ha comprado la casa. (Francisco, 4 años).

Esta frase de un pequeño que vive en una colonia de la periferia de la ciudad, es fiel retrato de la situación económica y psicológica de su familia.

Ese "Señor Préstamo", invisible y omnipresente, condiciona cada decisión: desde la compra de la chamarra, hasta la de qué poner en el carrito del supermercado; desde si se sale de vacaciones, hasta si se inscribe al hijo mayor en las clases de natación.

No hay por qué sorprenderse. **En casa se habla de dinero en todo momento**, aunque se esté en silencio. Bastan un suspiro al abrir el portafolios, un relámpago de alegría en los ojos cuando se lee la cantidad de un cheque depositado; o bien, una frase aparentemente inocente: "¿Apostamos 50 pesos?".

Hablan de dinero nuestro enojo, las llamadas por teléfono, los comentarios acerca de los vecinos.

Los niños escuchan, captan y se **hacen un idea propia** de lo que el dinero vale para nosotros.

¿Está antes o después del amor?, ¿de la cultura?, ¿del placer de vivir?, ¿del trabajo?, ¿del sexo?, ¿de la solidaridad?

Si nos lo preguntaran a quemarropa, quizá lo pensaríamos antes de responder; y, sin embargo, nuestros hijos, desde muy pequeños, ya lo saben. Sus expresiones valen por cien años de encuestas.

1

Mi mamá ya no sale a trabajar porque nací yo: le doy muchas satisfacciones, pero no el aguinaldo. (Ángela, de 5 años).

"Con el dinero no se juega", dice mi abuelito. Bueno, ¡pero se compran juguetes!. (Eduardo, de 4 años).

A veces mi hermanita y yo nos vamos a la cocina y nos ponemos a discutir en voz baja sobre las facturas, como hacen mamá y papá. (Angy, de 5 años).

Papá ha ganado este mes más dinero, y mi mamá ya está más tranquila. (Mauricio, de 5 años).

El dinero puede ser un tabú o una obsesión. ¿Cuánto vale para nosotros? ¿Qué es primero, Ángela o el aguinaldo? ¿Las exigencias del "Señor Préstamo", o la necesidad de unas clases de natación?

Hablar de dinero significa enfrentar algunos puntos que son fundamentales.

- Tomar decisiones.
  Una vez mi mamá volvió del trabajo y me encontró hincada delante de la televisión. Le dijo a mi papá: "Ya es demasiado", y tomó el control. (Martha, de 5 años).

- Definir los *roles* al interior de la familia.
  Mi mamá hace las tareas de la casa porque así es la vida. (Francesca, de 6 años).

- Escoger las *prioridades.*
  Papá y mamá me han dicho que este año, en Navidad, sólo habrá regalos útiles. Ya entendí: el cepillo de dientes eléctrico. (Vanesa, de 8 años).

El primer paso es, entonces, que nosotros mismos tengamos claro lo que pensamos acerca del dinero, qué lugar ocupa en nuestra escala de valores, cuál es nuestra actitud respecto de él: ¿gastarlo, acumularlo, gozarlo, ahorrarlo, invertirlo, donarlo..., o una mezcla equilibrada de todo ello, quizá?

Sólo entonces podremos ponernos en la óptica adecuada para proporcionar a nuestros hijos las nociones fundamentales del manejo del dinero, de la misma forma como se enseñan los principios de las matemáticas, el amor a la música o el aprecio por el arte.

Pero, **¿a qué edad** involucrarlos en el problema? ¿Cuándo empezarán a entender verdaderamente el valor del dinero?

¿Cómo responsabilizarlos sin que el dinero sea una pesadilla? ¿Qué hacer si "lo tienen todo y nunca están contentos"?

Este libro trata de los *Mamá, ¿me lo compras?* de cualquier edad. No pretende imponer modelos de vida, sino, más modestamente, ayudar a **poner en orden las propias ideas**, a elegir una línea de conducta coherente y a ser conscientes de las ventajas y los riesgos que cada decisión conlleva.

¿POR QUÉ ES DIFÍCIL ENTENDERSE SOBRE EL DINERO?

Abundan los clichés sobre el dinero. Y a menudo se repiten mecánicamente para soslayar el problema y **evitar un enfrentamiento** sobre el tema.

"Estiércol del diablo" lo definieron sin medias tintas los Padres de la Iglesia. Mientras Calvino, uno de los fundadores del protestantismo, defendía que la riqueza era la prueba de la bendición divina.

Pero el punto en el que todos coinciden, es que, en cualquier caso, **el dinero no da la felicidad**. (Aunque, sin embargo, como agrega el cómico italiano Lino Banfi, "quita el nerviosismo".)

Por encima de estas consideraciones, la mayoría de la gente está convencida de que el dinero es ciertamente importante, y en alguna medida indispensable; pero que en la vida hay **valores superiores**: el amor, los hijos, la salud, el placer de vivir, el trabajo, el sexo, la cultura y la solidaridad.

Ni siquiera los desacreditados adolescentes ponen al dinero a la cabeza en la clasificación de sus valores.

Según los datos recogidos por una institución que se dedica a estudiar la condición de los jóvenes en Italia, para ellos el dinero está después de la familia, la amistad, el amor y la solidaridad.

Por esta coincidencia de visión, los conflictos sobre el **problema del dinero** entre padres e hijos no surgen en torno a los grandes temas ideales, sino por motivos mucho más triviales y concretos: el nuevo juego de Play Station, la

boleta de las calificaciones, el cine de fin de semana, el último CD, su "domingo", etcétera.

En la inmediatez y la urgencia de sus deseos, los niños
quieren la camiseta de su cantante preferido **para ser como
todos los demás**: no se plantean siquiera cuánto pueden
repercutir sus demandas en el presupuesto familiar.

Las interferencias emotivas

Pero incluso en nosotros, los adultos, las interferencias
emotivas socavan la coherencia entre nuestros principios y
nuestro comportamiento.

*Recuerdo lo que sentí cuando tenía poco más o menos la
edad que tienen ahora mis hijos. Le había pedido a Santa
Claus que me trajera un casco de futbol americano, y al
pie del árbol de Navidad me encontré... ¡un casco de bom-
bero! Fue una gran desilusión. Sentí que me había tomado el pelo. Hubiera preferido que no me trajera nada. Por
eso, en Navidad, prefiero arruinarme, antes que dejar que
tengan todo lo que quieren.* (Julio, papá de dos niños de 4 y 6
años).

*De niño no tuve juguetes, mi padre no me los compraba.
Una vez, en Navidad, me regaló dos libros en inglés sobre la Guerra Mundial. Aún ahora me detengo ante los
aparadores de las jugueterías, y en ocasiones doy toda
una vuelta para ir a ver los juguetes.*

*Por eso jamás me he negado a dar a mis niños lo que
piden. Pero no ha funcionado. Un día Jorgito me dijo algo que me dejó mudo: "Papá, me has quitado las ganas de
desear algo". ¡Era yo quien sufría esperándolo!* (Alberto, de
40 años, papá de Jorge, de 9 años).

De niña siempre deseé una pelota de colores. Nunca entendí por qué no me regalaban, ¡siempre me regalaban sólo balones! (Miriam, una mamá que nunca logra negar a sus hijos nada de lo que le piden).

No quiero que se sienta menos que los demás. Mis compañeras en el colegio se ponían a diario vestidos de marca, y yo siempre llevaba las blusas que mi mamá me hacía. (Estefanía, mamá de Kathy, 9 años).

Muchas veces nos vemos presionados a acceder a las peticiones de los hijos por las dificultades de una separación, o quizá por el deseo de **compensar** de alguna forma el hecho de trabajar fuera de casa durante todo el día.

Sobre todo en las ciudades, las antiguas estructuras de apoyo, como los familiares o los vecinos, han sido **sustituidas por objetos** para comprar.

Por la mañana me lleno de dulces y galletas, porque la separación tiene que ser dulce. (Vanessa, de 4 años).

Salgo en la mañana muy temprano para ir a la oficina y regreso a casa a las 7 de la tarde. Estoy tan poco tiempo con mi hijo, que no resisto la tentación de llevarle una pequeña sorpresa cada día. Me parece que así le compenso, por lo menos en parte, el tiempo que no le puedo dedicar. (Alejandra, de 28 años, mamá de Michele, de 3 años).

Estoy sola, trabajo y llego a la casa ya tarde, y mi hija está absorta con sus cursos y lecciones. Le he comprado un celular para que me pueda llamar cuando quiera. Me ha llegado un recibo por 400 pesos: lo que hacía era telefonear a sus amigas. (Julia, madre soltera).

Después de privarlo de su papá, me sentí tan culpable que le he cumplido todos sus caprichos.

Mi ex marido hace otro tanto: lo llena de robots, ropa y videojuegos. De esta forma, Pablo no hace ningún esfuerzo por lograr un propósito, por ganarse un premio. Ha comprendido perfectamente nuestra necesidad de reivindicarnos y le saca todo el provecho que puede. (Marina, divorciada, mamá de Pablo, de 6 años).

No somos ricos: mi marido es empleado en un banco, yo doy clases en una escuela secundaria. Decidimos tener un solo hijo, para poder darle todo lo que necesitara, y lo hemos llenado de regalos. La primera computadora la tuvo a los tres años de edad, cuando ni siquiera sabía qué hacer con ella. Llegamos a comprar dos veces un mismo juguete, porque se nos había olvidado que ya lo habíamos adquirido. Resultado: hoy Alberto no aprecia ya nada; el nuevo juguete pierde ensequida todo interés para él. (Paty, mamá de Alberto, de 4 años).

Pero esto no es todo. Además de los conflictos emotivos que surgen cuando se trata de dinero, el diálogo entre padres e hijos se dificulta por el hecho de que los niños **carecen de ciertos parámetros** que un adulto da por descontado: el costo de la vida, el ingreso promedio, el volumen de los gastos.

Si se hace la prueba de preguntar a una niña cuánto gana su papá, le da igual responder "mil pesos" que "quince mil". Y si le propusiéramos cambiar su cadenita de oro por un muñeco de plástico, lo más probable es que aceptara sin titubear, de la misma manera que los indígenas cambiaban pepitas de oro por pedazos de vidrio de colores.

La relación con el dinero —afirma Freud, padre del psico-análisis— se establece desde los primerísimos años de la vida, aunque no es sino hasta el umbral de la adolescencia, cuando el dinero se convierte en la **llave mágica** que hace posible la realización de un deseo, y no vale más que por el uso inmediato que puede hacerse de él. Cuanto más intenso sea el deseo de poseer el objeto, tanto mayor será el valor que se atribuya al dinero que se requiere para adquirirlo.

De numerosas encuestas llevadas a cabo en diversos países, se concluye que los muchachos están convencidos de llevar el mismo estilo de vida que sus compañeros, aunque objetivamente las diferencias entre los niveles de ingreso de sus familias sean considerables.

La "riqueza" se mide de acuerdo con los **aspectos más externos** y superficiales. Llevar puestos los *jeans* de moda adquiere un significado mucho más importante que vivir en una vecindad.

Así las cosas, es fácil de entender que la mayor parte de los razonamientos que sobre el dinero hacemos a nuestros hijos, en el mejor de los casos no dejan huella alguna, o bien les resultan hasta irritantes.

Tratemos, pues, de hacer nuestra su mentalidad, y de ver el mundo con sus propios ojos.

Ponerse en el lugar de los hijos

Imaginémonos que entramos a la casa de los vecinos y observamos algunas situaciones familiares típicas, que demuestran cómo los padres, con las mejores intenciones, no siempre están en sintonía con los estados de ánimo de sus hijos.

Jorge

Jorge, de 10 años, durante una semana ha abrumado a su padre pidiéndole dinero para comprar un walkman.

Entusiasta, explosivo e impaciente, se ha valido de todas las exageraciones imaginables para hacer entender al 'viejo', que ésa es la única cosa que podría salvar su vida de la más profunda desesperación.

Por la tarde, el padre, en lugar de leer, como de costumbre, el diario en su mecedora, iluminada por la lámpara de halógeno , llama a Jorge para hablar con él. Con actitud solemne, y tras un largo silencio, durante el cual ha tenido los ojos entrecerrados y las manos juntas, declara: "Jorge, esta tarde quiero hablar contigo seriamente acerca del dinero..."

"¡Lo logré! —piensa Jorge con ojos que rebosan alegría—. Me dará el dinero, ¡aunque durante todo el mes entrante ya no me dé nada!".

En cambio, el papá se embarca en oscuras lucubraciones sobre que el dinero no es la fuente de la felicidad, el exasperante consumismo, y que hay que posponer los deseos...

"Pero, papá, lo único que yo quiero es un walkman...*", balbucea Jorge, cuando su padre le pregunta si ha entendido.*

Abrumado por la superficialidad de su hijo, en ese momento el padre sufre una traumática caída de la serotonina, toma una píldora contra la depresión y se va a dormir.

Jorge pasa toda la noche devanándose los sesos para tratar de entender qué tiene que ver el consumismo exasperante con el walkman.

Paulina

Paulina, de 8 años, se acerca al papá y, utilizando sus mejores artimañas de seducción, susurra: "Papito, papito, he visto una preciosa mochila rosa, con un jardín lleno de enanitos. ¿Me la comprarás?".

"Paulina, ¿no te parece que lo tienes todo?"
Con ojos desorbitados, la niña no logra entender....
*¡pero no tiene **esa** mochila!*

"Cuando yo tenía tu edad, la mochila debía durar todos los años de la primaria, y no tenía los estuches de lápices de colores, ni los bolígrafos y los borradores perfumados..."

"Pero, ¿por qué?"

Porque éramos pobres, y de veras que no podíamos comprar todas esas cosas..."

Paulina se siente inundada de compasión hacia su papito; lo imagina de pequeño, vestido de harapos, limpiando parabrisas de los autos en la calle.

Para consolarse, se acurruca en un rincón y comienza a peinar a su Barbie.

Lucas, Sara y Esteban

La familia está reunida para cenar. Es viernes, y comienzan los planes para el fin de semana. Los chicos intercambian ideas.

"¡Vamos al campo!".

"No. ¿Por qué no mejor pasamos el día en la alberca?".

"Yo propongo que visitemos a los abuelos en el rancho".

"¡El rancho, el rancho!".

"¡Nada de campo, ni de alberca, ni de rancho!".

La voz del papá se sobrepone a las de todos: "Estamos a fin de mes, me pagan hasta el próximo viernes, y ni siquiera sé si nos alcanzará para llegar hasta entonces".

Un silencio gélido. Angustia.

"No puedo comprar cuadernos —piensa Lucas— ¡y la maestra me va a castigar!".

"Si no llevo dinero mañana, no iré a la excursión de la escuela", se preocupa Sara.

*"Quiere decir que no podré entrar en el equipo de fút-
bol", se dice para sus adentros Esteban.*

Fabiola

*Fabiola, de 5 años, no quiere oír razones. Con los bra-
zos cruzados y apretando los labios, se niega a probar la
sopa que ha preparado su mamá. Después de haber in-
tentado de todas las formas convencerla para que se la
coma, la mamá va a la sala y regresa con una revista que
muestra la foto de unos niñitos africanos con el vientre
hinchado, sostenido por un cuerpecito esquelético:*

*"¿Ves esto? Se están muriendo de hambre, y se pondrían
muy contentos si pudieran comerse tu sopa".*

*Fabiola hace a un lado el plato, se echa a llorar deses-
peradamente y corre a refugiarse en su cuarto.*

*"No entiendo", suspira la mamá, y termina de comer-
se la sopa.*

Juan Pablo

*Juan Pablo, de 11 años, ha llevado a casa una boleta de
calificaciones con puros nueves y dieces: es seguro que
sus padres le permitirán ir a visitar a unos primos que
todavía no conoce.*

*"¡Muy bien, Juan Pablo", dice el papá al volver del tra-
bajo al anochecer. "Te tengo una sorpresa: tienes que
hacer unas tareas...".*

"No te entiendo, papá".

*"Precisamente... Es hora de que un joven inteligente
como tú empiece a tener claros algunos conceptos de finanzas. Después de la cena te lo explicaré todo"...*

Buenas intenciones, pero momentos inoportunos

Las intenciones son buenas, pero el momento elegido y las palabras no tanto. Hablar de dinero a los niños no es fácil, pero **es cada vez más necesario** hacerlo en estos tiempos de dinero "virtual" y crédito ilimitado.

¿Cuándo empezar a hacerlo? ¿Qué palabras utilizar? ¿Cómo educar a nuestros hijos a posponer la satisfacción inmediata de un deseo? ¿Cómo inculcarles el ahorro?, ¿la solidaridad?

"LO TIENEN TODO, Y NUNCA ESTÁN CONTENTOS"

El poder de la publicidad

En el supermercado, en los anuncios panorámicos de la calle, en la tienda que está cerca de la casa, en la pantalla del televisor, en todas partes, aparece cautivador, escurridizo, obsesivo, el **objeto del deseo**.

"Mamá, ¿me lo compras?", pide Andrés, de 3 años, con los ojos desorbitados por la ansiedad de tener lo que "todos..., absolutamente todos" tienen ya.

Cada día, frente a un juguete, un dulce e, incluso, al envase del detergente que encierra el muñeco de peluche promovido por la publicidad, vuelve a surgir el problema y —añaden desalentados muchos padres— "después de cada negativa, la misma escena desagrable".

Según el *Youth Monitor* de la Universidad de Michigan, en Estados Unidos, parecería que la batalla está perdida desde el primer momento. El 83 por ciento de los niños estadounidenses condiciona a los padres en la compra de todo tipo de productos, desde el videojuego hasta... el papel higiénico.

A la misma conclusión llega la encuesta realizada en 1998 por encargo de la Walt Disney sobre la relación entre los niños y el consumo. No bien han adquirido el uso de la palabra, concluyeron los investigadores, los niños pronuncian la suya en cuanto a zapatos, camisetas, *jeans* o mochilas.

Y esto no es todo: la opinión de los miniexpertos parece ser decisiva incluso en la elección del nuevo automóvil.

De 0 a 4 años.
¿Por qué se cansa pronto de los juegos?

• **Al nacer, y hasta el primer año de edad,** el pequeño vive en una suerte de fusión entre él, su mamá y el mundo exterior, y no posee una imagen corporal propia bien definida. Se chupa el pie, tal como el gato se muerde la cola, sin advertir los límites entre una parte del propio cuerpo (mano, boca, pie) y el seno materno. Así mismo, le resulta imposible para él dirigir la mirada hacia una cosa precisa, enfocarla y abstraerla del contexto en que se encuentra; todo ello son operaciones mentales complejas, que se adquieren con el tiempo. Aunque pueda parecer que arroja el muñeco al suelo intencionalmente, en realidad lo hace por reflejo, sin un verdadero control de sus propios movimientos.

• **Es en torno al primer año** cuando empieza a formarse en el niño lo que Ceccato ha definido como "el sistema nervioso de atención"; vinculándose con el lenguaje, que es la más elevada de las abstracciones, se vuelve progresivamente autónomo.

La atención es la toma de conciencia, la varita mágica que permite salir del caos. Lo que antes era confuso e indistinto, poco a poco va adquiriendo límites, y el niño se vuelve cada vez más capaz de mantener la atención en un mismo juego.

• **Aún a los 2 años,** el niño rara vez logra prestar atención a algo durante más de un cuarto de hora. ⟶

Los publicistas lo saben bien, y para su publicidad han llegado a utilizar como modelo a un niño entusiasmado porque el auto de papá "escala las montañas, y no se detiene ni siquiera ante un terreno fangoso".

Con el paso del tiempo, aumenta su capacidad de concentración; pero mientras nosotros los adultos tenemos una capacidad de concentración "dirigida" (es decir, sabemos lo que estamos buscando y nos concentramos para encontrarlo), la atención del infante que todavía no va al jardín de niños, es de tipo experimental. Si golpea en el suelo un juguete, y después lo avienta (nótese el término: lo avienta, no lo tira), es porque así puede experimentar una gran variedad de estímulos diversos: lanzarlo, sensaciones táctiles, el efecto sonoro que logra, las reacciones de los demás. El objeto por sí mismo no influye mayormente. Si, por ejemplo, acaba de aprender a lanzar la pelota, es posible que trate a puntapiés cualquier juguete que se le ponga en el camino. Sus categorías mentales son tan elásticas, que le permiten utilizar los objetos como más le agrade. Y es ésta la capacidad que hace que los niños tengan una fantasía tan viva.

● **Sólo más tarde, hacia los cuatro años,** los niños aprenderán que ciertos objetos tienen asignada una finalidad precisa.

La abuela dice que en la televisión te hacen creer todo lo que quieren. (Isabel, de 5 años)

"Es el poder de la publicidad", comentan resignados los padres. En realidad, según los psicólogos, sucede exactamente lo contrario: somos nosotros los que concedemos a la publicidad su autoridad.

"El mensaje publicitario", escriben los investigadores de la Facultad de Sociología de la Universidad de Trento, "se identifica con la autoridad de los progenitores, y nunca puede mentir. Son los adultos los que avalan la información que llega de la pantalla del televisor, o de las páginas de los cómics", porque son ellos también quienes dan permiso o no de ver los dibujos animados o de comprar "Condorito". El producto se identifica con el progenitor: el robot es el papá, el chocolate "La abuelita" es la mamá.

El poder persuasivo del anuncio se ve reforzado, además, por las capacidades de sugestión del medio.

"Los niños se sienten fascinados por la publicidad, porque les ofrece una visión tranquilizante del mundo", observa el psiquiatra infantil Claude Alliard. "Todos los problemas encuentran una solución. El 'Tornado blanco' del detergente sustituye a la varita mágica. Y... ¿cómo renunciar al nuevo juguete que permite 'dominar el universo', o a la camiseta estampada que te hace distinto, único, mejor que los demás?".

Cómo evoluciona la capacidad de concentración

Las campanitas no tardan en aburrirlo, el osito de peluche ni siquiera se molesta en verlo. Si se le da una taza, la arroja al suelo.

Juguetes y objetos que usa y tira, como la mayor parte de las cosas que se compran en el supermercado, arrancadas con insistencia a los padres para ser rápidamente dejadas a un lado, a una velocidad inversamente proporcional a la obstinación empleada para obtenerlas. ¿Es posible que el entusiasmo dure tan poco, que la alegría dé paso con tanta frecuencia al aburrimiento, que nunca estén contentos?

Una explicación científica

Después de una jornada de agotadores "caprichos" por parte del pequeño insatisfecho, los padres, extenuados y desalentados, comienzan a plantearse preguntas existenciales:

"Si ahora es así, ¿qué será cuando crezca?". Un niño perfectamente normal, responden los expertos, y dan sobre ello una explicación rigurosamente científica.

"La atención no forma parte del patrimonio genético", afirma Silvio Ceccato, uno de los mayores peritos en cibernética, la ciencia que estudia los procesos de comunicación en el hombre y en los animales; "no se nace distraído o, mejor dicho, desprovisto de la capacidad de atención. La capacidad de fijar la atención sobre un objeto no es un don innato, sino algo que se aprende lenta y trabajosamente, como se aprende el lenguaje."

CÓMO DECIR QUE NO...

... sin hacerlos dudar de nuestro amor

¡Si no me lo compras, es porque yo no te importo! (Toñito, de 4 años)

Con la naricita pegada al aparador empañado, se niega a moverse de su sitio. Se encoge de hombros y espera a que nuestro **no** se convierta en **sí**. Él insiste, y nosotros cedemos. Entramos dos a la juguetería y salimos tres: el papá (o la mamá), el pequeño y la nave espacial.

A unos cuantos metros de ahí, la misma escena: "¡Sí, mamá, ¿me lo compras?".

En fin, que se le da una cosa y enseguida pide otra. Si se le da una mochila nueva, quiere también el contenido: el estuche, la carpeta con los dinosaurios, la goma en forma de jirafa.

Las **armas de un niño** son astutas y geniales.

- Recurre a las lágrimas, al chantaje: "... ¡pues no como!".
- A las carantoñas, a la sonrisa, a la adulación: "Mamita, mami, ¡eres la más linda del mundo!"
- Aprovecha la rivalidad entre los abuelos, enfrentándolos: "La abuelita Juana me compra siempre el helado, pero tú..., se ve que me quieres menos que ella".
- Repite letanías agotadoras: "Cómpramelo, cómpramelo, cómpramelo...", para obligar a rendirse aun al más firme de los progenitores.
- Se muestra infeliz: "Todos lo tienen, menos yo...".

¿Cuántas veces, en las relaciones con las cosas, entran en juego también las **relaciones afectivas**? ¿Y cuántas veces sucede que a los niños no les interesa el juego en sí, sino que buscan simplemente llamar nuestra **atención**? Obtenido finalmente el objeto del deseo, ya no saben qué hacer con él.

Hay juguetes que no duran más de tres horas, **cosas de grandes** que les quitan a los padres y luego las desechan, como la pluma de papá, el pañuelo de mamá, la caja de puros del abuelo.

¡Qué insistencia para obtenerlos, y al poco tiempo, ya ni se acuerdan de ellos! ¿Será posible que no les baste todo lo que les damos?

"Está viciado", se dice.

No esperar mucho de los regalos

En realidad, si se piensa detenidamente, descubriremos que tal vez somos nosotros los que **cargamos de significado** a nuestros regalos. En esas bolsitas preparadas con tanto amor, en esos continuos regalos, con frecuencia ponemos no pocas expectativas: darles una prueba de afecto, hacernos "perdonar" el poco tiempo que les hemos dedicado, verlos sonreír agradecidos.

Por lo demás, a veces usamos este mecanismo incluso con nosotros mismos, cuando intercambiamos nuestros sentimientos con los objetos. Para silenciar nuestras frustraciones, echamos mano de la billetera y nos compramos un guardarropas entero, unos zapatos que jamás nos pondremos, o medio kilo de pastelitos, "porque me lo merezco".

Sin quererlo, a nuestros hijos les transmitimos el mismo principio de compensación. Si nos ausentamos por motivos de trabajo, volvemos a casa con un regalo; y cuando prestamos más atención al pequeño, **buscamos contentar al mayor con algún juguete.**

Surge, así, una relación **viciada** (ésta sí que lo es, y no el niño), en la cual se corre el riesgo de que el objeto se vuelva el medio de comunicación entre nosotros y nuestros hijos.

El resultado es inevitable: damos afecto a través de las cosas; y el niño pide afecto con la petición de juguetes siempre nuevos. Someterse a este juego significa preparar el terreno para exigencias cada vez mayores e incontrolables.

El pediatra estadounidense Berry T. Brazelton, autor de diversos estudios sobre la relación entre padres e hijos, afirma que: "el niño **caprichoso** que continuamente exige juguetes, en realidad está pidiendo seguridad y límites".

Si no los obtiene, insiste y continúa en su desafío, a la espera de que de un momento a otro ocurra algo.

Y Brazelton continúa: "La experiencia de muchas generaciones, avalada por recientes investigaciones, demuestra que **los límites establecidos a temprana edad** son formativos y hacen a los jóvenes capaces de fijarse a su vez sus propios límites, y de respetarlos".

Esto no quiere decir imponer reglas rígidas o exigir una obediencia ciega, sino más bien decir que "no", explicando siempre las razones de nuestra línea de conducta.

La tarea no es fácil. Se trata de transmitir dos mensajes, aparentemente contradictorios:

1. Por una parte, demostrar al niño que lo amamos.
2. Por la otra, convencerlo de que, precisamente por eso, le negamos lo que está pidiendo.

Si, por ejemplo, el conflicto del momento se refiere al antojo irresistible de dulces, le diremos que no, aprovechando la oportunidad para enseñarle algún **principio** de buena educación nutricional: estarse continuamente atiborrando

de caramelos es malo para la salud; en cambio, disfrutar el
pastel de la abuelita es una ocasión de fiesta. El niño podrá
entender así que nuestro **no** está motivado por una atención especial a su respecto, y no por falta de afecto.

Los límites infunden seguridad

*El papá de mi amigo Julio le ha dicho: "En primer lugar, tú
eres mi hijo y te quiero mucho. En segundo lugar, te rega-
laré todo lo que quieras". Cuando mi papá lo supo, me
dijo: "Por ahora, hagamos lo primero".* (Hugo, de 7 años)

Si se explican y se respetan de una forma congruente, los
límites infunden seguridad. Ocupados como estamos entre
la casa y el trabajo, nuestros hijos a menudo tienen la sensación de que deben conquistar nuestra atención. La verdad
es que bastan diez minutos para contentarlos, con tal que
sientan la exclusividad.

• Por ejemplo, debemos anunciar siempre por adelantado
los límites de nuestra **disponibilidad**, aclarando la se-
cuencia de lo que haremos: "Ahora vamos al supermercado, al volver a casa, pondremos el mandado en su lugar y luego nosotros dos solos nos sentaremos juntos con
un cuento nuevo, durante un cuarto de hora". "Ahora
estoy leyendo el periódico, luego voy a darme un baño y
después jugamos juntos".
• De la misma manera se debe anunciar la **separación**: "Un
cuento más, y basta". "Vamos a jugar otros diez minutos,
y luego me voy a preparar la comida".

Aún no saben leer el reloj, pero estos "miniprogramas",
anunciados con dulzura y decisión, dan a los pequeños
mucha mayor seguridad que muchos "estira y afloja".

Estrategias que hay que seguir

Entonces, ¿cómo comportarse ante los infinitos: "Mamá, ¿me lo compras?".

Cuatro son los caminos para llegar al corazón de nuestros pequeños.

Vamos a explicarlo a partir de un **caso de la vida real**, como, por ejemplo, la decepción de David, de 3 años, que, extasiado ante unos robots de la juguetería, no ha logrado convencer a su papá de comprarle "por lo menos uno".

1 Compartir sus sentimientos

David se ha quedado absorto ante los relucientes robots de la juguetería; pero ahora, de la mano del papá, vuelve a casa con las manos vacías. ¿Cómo hacer para romper el silencio obstinado en que se ha encerrado después de llorar desesperadamente?

Es inútil hacer preguntas. El pequeño no está aún en condiciones de **traducir en palabras** sus estados de ánimo.

A nosotros nos corresponde ayudarle a dar un nombre a sus sentimientos, es decir, a expresar los que a nosotros nos parecen caprichos, en términos diversos.

"¿Te gustaría tener todos los juguetes de esa tienda, verdad?", pregunta con dulzura el papá. "¡De veras que son muy bonitos!".

El hielo empieza a derretirse. David siente que su papá está cerca de él. En sus palabras ha encontrado una participación en sus sentimientos de desilusión y de enfado.

Es el primer paso para empezar un diálogo.

2 Evitar hacer juicios

"¿Cuál era la nave espacial que te gustaba más? ¿Aquella azul, con luces rojas, o la verde con los marcianos que se veían a través de las ventanitas?".

David empieza a describir lo que ha visto y el papá lo escucha con atención, animándolo de cuando en cuando con algún gesto de aprobación.

Esto es lo que se define como "escucha activa"; es decir, un modo de escuchar que participa del entusiasmo, la desilusión, el temor y el enfado del interlocutor, sin hacer ningún juicio, ni expresar el propio parecer, o dar consejos. Es una especie de espejo que revela el agitado mar de sentimientos que remueven el ánimo del pequeño.

3 Exponer nuestras intenciones

Una vez restablecida la comunicación con David, el papá puede razonar su negativa a comprarle los juguetes, pero antes de exponer sus razones aclara: "Ahora voy a explicarte por qué no he querido comprarte esa nave espacial verde. Es posible que en este momento no estés de acuerdo con lo que voy a decirte, pero es importante que entiendas mi punto de vista".

No son detalles superfluos, sin importancia, como sería fácil pensar. Forman parte de aquello que suele definirse como **metacomunicación**, es decir, dar información sobre la comunicación en acto, precisando su significado, hacer explícitas las intenciones de lo que se dice.

Este esfuerzo, importante en cualquier tipo de relación, se vuelve particularmente necesario y valioso cuando se habla con un niño pequeño, precisamente porque a él le es difícil concentrarse en un tema en concreto.

4 Comprender, o sea, poner límites

Al traducir en palabras sus sentimientos, dando un nombre a su disgusto, el papá de David le ha permitido que vea su malestar proyectado al exterior. Eso ha bastado para tranquilizarlo y hacerle sentir que se le ha **comprendido**, en el sentido etimológico del término.

En efecto, *comprender* significa "entender", pero también "contener, retener junto", marcar unos márgenes al río agitado de peticiones que tal vez se formulan precisamente para poner a prueba nuestra capacidad de guiarlo.

Quiere decir establecer reglas, marcando fronteras donde no las había, poner límites, delimitar de antemano el tiempo (y después el dinero) de que se dispone.

Ahora David ha llegado al estado de ánimo apropiado para entender las razones por las que el papá le ha negado el juguete.

"¡ES MÍO, ES MÍO!"

¿Cuándo aprenderá a decir: "es nuestro"?

Marcos y Carlitos

"¡Es mío, es mío!", grita a pleno pulmón Marcos, de 3 años, arrancando de la mano de Carlitos una pluma ya gastada. Grita y hace un escándalo, con el gesto enojado y el ceño fruncido.

"Pero... si no sirve ya, no escribe...", trata de explicarle el papá.

Es inútil. No se separaría de ella ni por todo el oro del mundo.

"¿Será posible que esté tan apegado a las cosas? ¿Cuándo aprenderá el valor de los objetos? ¿Será así de egoísta toda la vida?".

No, no se trata de **egoísmo**, sino de otra palabra que comienza también con *ego*, pero que tiene poco que ver con la primera: es **egocentrismo**, un término que el sobresaliente psicólogo suizo Jean Piaget utilizaba para indicar la dificultad que tiene el niño pequeño para ponerse en el lugar de los demás: en el caso de Marcos, la de comprender el punto de vista de Carlitos, que está tan cautivado por la pluma como él mismo.

Egocéntrico quiere decir precisamente esto: referir todas las experiencias (y las cosas) únicamente al propio *ego*, que en latín significa "yo". **Yo** y **mío**, después "mamá" y "papá", son éstas las palabras que el niño aprende primero, a las que con mayor frecuencia recurre y que le sirven para afirmar su propia personalidad.

El conflicto es un intento de comunicarse

Una vez establecido que el instinto de propiedad en los niños pequeños está tan arraigado como el del apego a la mamá, podemos entender fácilmente que, en caso de litigio, nuestra intervención es superflua y a menudo resulta contraproducente.

De 1 a 3 años. El instinto de propiedad

• **Al año y medio.** Logra ya separarse a sí mismo del mundo, pero le cuesta mucho distinguir las cosas que son suyas de las de los demás. En la práctica, todos los objetos que entran en "su" campo de acción se vuelven automáticamente "suyos": los anteojos de la abuelita, la pluma del papá, la nave espacial del primo pequeño. Aún no sabe distinguir entre "mío" y "tuyo".

• **A los 2 años.** Principia la fase de la autonomía. El niño sabe muy bien lo que es "suyo", y lo defiende a capa y espada.

Según una investigación sobre la tendencia posesiva infantil, realizada por la psicóloga inglesa Susan Isaacs, para un niño los objetos son siempre un trámite entre él y los demás. No es casualidad que en la mañana a los niños les encante despertar abrazados a su osito de peluche. Es una forma de mantener un vínculo con el mundo del que los separa el sueño. La muñeca, la mantita de noche, el osito de peluche no son objetos inanimados, sino que están cargados de significado simbólico: representan a la mamá, la seguridad, los mimos. **→**

Es precisamente litigando por un juguete como el niño aprende a entender los límites entre "mío" y "tuyo"; entre "yo" y "tú".

En el fondo, el conflicto es un intento de comunicar, de "poner en común" las propias exigencias con las de los demás.

El instinto de posesión no es, pues, otra cosa que la manifestación de sentimientos muy fuertes. Por eso, los niños se desesperan cuando se les quita "su" juguetito: se sienten privados de una parte de sí.

Así como nosotros, los adultos, nos aficionamos a los regalos que recibimos de alguna persona querida, así nuestros pequeños defienden su cochecito como un tesoro valiosísimo.

A esta edad, hablar del "valor" de las cosas no tiene sentido. A menudo, para ellos el ruido del papel de envolver y la caja de colores son más "caros" que el regalo mismo que contienen.

• **A los 3 años.** Los adultos sabemos que los objetos prestados se devuelven, pero el niño de 3 a 4 años no es consciente de esto. Incapaz de mirar al futuro, porque todavía no tiene el sentido del tiempo, teme que el carrito prestado desaparezca para siempre, y siente que se lo han robado.

Es inútil intentar explicarle que el primito lo ha tomado sólo para jugar un rato con él, y que "después" se lo devolverá. Para él, "después" significa "jamás". Aún no sabe comprender a fondo las intenciones de los demás, y lo que sucede es para él mucho más importante que el "porqué" sucede.

Como señala el acreditado pediatra y psicoanalista inglés Donald Winnicott: "Al defender los propios límites, el niño consigue distinguirse de los demás. Es el modo de reforzar el propio Yo, y de consolidar la propia autonomía."

Las estrategias que deben seguirse

Observemos una escena que seguramente hemos visto cientos de veces, pero, en esta ocasión, tratemos de introducirnos en los pensamientos secretos de los protagonistas.

Javier y Adrián

Javier juega con su flamante trenecito nuevo. Llega Adrián y se lo arrebata de las manos. Javier chilla desesperado y tira de los cabellos a Adrián, el cual, para librarse de él, le da a Javier un puntapié en el tobillo.

"Deja que Adrián juegue con tu trenecito", dice la mamá, suavemente; pero en su interior piensa: '¡Vaya atrevimiento de este Adrián, al arrebatarle el trenecito; y quizá sea capaz hasta de romperlo! ¡Con lo mucho que me ha costado comprarlo!'.

"Pero, ¿por qué le has quitado a Javier su trenecito? ¡No es tuyo!", interviene la mamá de Adrián. Pero en su interior piensa: "¡Qué niño más antipático es este Javier! ¡Muy bien podría prestar el trenecito un momento!".

¿Qué hacer cuando dos pequeños egocéntricos se pelean por poseer un juguete?

1 Nunca decir cosas en las que no se cree

Nos lamentamos porque nuestro pequeño déspota no sabe jugar con los demás, pero luego somos los primeros en molestarnos si los compañeros usan **siempre** sus juguetes, si

Las palabras que no sirven

Cuando un niño pelea por recobrar sus juguetes arre-
batándolos de las manos del compañero, nos sentimos
desolados pensando que hemos engendrado un pequeño monstruo, incapaz de compartir sus cosas con los demás; alguien que no tiene el menor arranque de generosidad y que está encerrado en un mezquino egoísmo.
La tentación es la de enseñarle las reglas del estar en com-
pañía, la de inculcarle una cierta apariencia de altruismo. Pero, a pesar de nuestras buenas intenciones, los
resultados no son los esperados.

- *"Eres el egoísta de siempre: si actúas así, nadie te que-
rrá".*
"No seas malo".
"Si no prestas tus juguetes, nadie te los prestará a ti".

Estas palabras no hacen más que producir mayor frustración en el niño. Tratemos de ponernos en su lugar.
Está triste porque le han robado su juego, y en vez de recibir comprensión y mimos, oye que lo llaman malo y
egoísta (aunque no entienda lo que significan, esas palabras suenan mal), y se le adelanta la posibilidad de que
lo priven también de sus juguetes en el futuro. Al sentirse incomprendido, tendrá la necesidad de aferrarse
aún más a sus cosas para consolarse del clima de hostili-
dad y la falta de comprensión que se crea respecto de él.

- *"Si actúas así, no volveré a comprarte nada".*
"Voy a quitarte el juguete y no lo volverás a ver".

Lo que se intenta es "animarlo" a compartir sus cosas
con otros niños. Pero, en realidad, sintiendo que lo ame-

→

nazamos con quitarle precisamente lo que él más quiere en ese momento, desde luego que no querrá soltarlo. Además, como estas amenazas están destinadas a quedarse en letra muerta, a la larga socaban la confianza que el niño tiene en la autoridad de los mayores.

- *"Te quedarás solo y nadie querrá jugar contigo. "Nadie te querrá".*

No sólo ha perdido el juguete que le han "robado", sino que ni siquiera cuenta con la solidaridad de aquellos en quienes se apoya. Está convencido de que experimenta sentimientos naturales (y a esta edad, lo son), que son juzgados como reprobables precisamente por quienes deberían comprenderlo mejor.

Ante la perspectiva de no ser amado por nadie, se aferrará más aún a sus juguetes.

- *"Ten primero tú un poco este juguete, porque es tuyo, pero luego se lo das a él".*

En este caso, el pequeño egoísta obtiene, aparentemente, una victoria parcial: puede tener consigo el juguete un rato, y luego dárselo a su amiguito. Pero como no tiene un concepto claro del tiempo, de todos modos no querrá prestárselo al amigo cuando se lo pidamos. Además, nuestra intervención le impedirá aprender a manejar la situación por sí mismo. Recurrirá a nosotros a cada pequeño enfrentamiento, sin ser capaz nunca de arreglárselas por sí mismo.

le pierden una pieza al rompecabezas, o si alguno garabatea su nuevo álbum.

Se acaba así por transmitirle al mismo tiempo dos mensajes contradictorios: uno verbal *("Sé generoso");* el otro no

verbal *("No dejes que te quiten tus cosas").* Y los niños captan al vuelo si está en juego otra cosa distinta.

2 Resistir a la tentación de intervenir para resolver el conflicto

Si los dos discuten con armas iguales, dejemos que se arre-
glen solos, interviniendo solamente cuando el enfrentamiento se deslice hacia el plano físico y resulte peligroso.

En cualquier caso, con **la imparcialidad de un árbi-
tro**, evitemos tomar partido por uno de los contendientes,
o establecer de quién es la culpa. En efecto, por medio del
pleito, el niño empieza a comprender los límites entre "mío"
y "tuyo".

Dejemos, pues, que la discusión se resuelva sola, o bien
expliquémosle que lo único que el "adversario" quería era
ver cómo es el juguete, sin romperlo ni robárselo.

Es preferible un tajante "¡Basta!" y retirar el objeto del
conflicto, que tratar de convencer a uno de los dos de que
debe ceder.

En el fondo, los dos pequeños esperan que alguien **de-
cida como autoridad** el final del partido, por parejo.

Después, cada uno se consolará a su manera de la injus-
ticia sufrida.

Hasta los 5 años, el concepto de justicia no coincide con
el de los mayores: se refiere mucho a ellos mismos y poco
a los demás: **es injusto** ceder un juguete, pero **es justo**
adueñarse de él si lo desea. Y si nuestro hijo juega con los
juguetes de los demás hasta convertirlos en suyos, no nos
preocupemos: las apropiaciones indebidas desaparecerán
en forma espontánea cuando el niño salga de su egocentrismo. En este sentido, nuestro papel es ayudarlo a desarrollar
el concepto de **otro**, lo que resulta indispensable para llegar al **altruismo**.

Para lograrlo, no son necesarios los sermones. Veamos cómo hacerlo.

3 Demostrar comprensión a ambos

Ante una disputa sobre el **verdadero** propietario del trenecito, tratemos de describir los sentimientos de los niños.

Digamos al primero: "No quieres prestárselo porque temes que no te lo va a devolver ya?". Y luego al segundo: "¿Crees que ahora te toca a ti jugar?".

Entonces los dos se sienten comprendidos y están dispuestos a que se les guíe para encontrar una solución, con nuestra mediación.

Lo importante no es, como a menudo se cree, decir que **los dos tienen razón**, sino más bien ayudarlos a entender qué es exactamente lo que temen o desean, invitándolos a hacer por sí solos propuestas que tengan en cuenta las exigencias de ambos.

Esto es lo que los expertos de la comunicación llaman **técnica del espejo**: al hacerles sentir nuestra comprensión, adoptamos el papel de un espejo parlante que refleja y explica al niño sus emociones.

De esta manera le permitimos detenerse un momento y tranquilizarse. No le estamos ofreciendo una justificación, simplemente lo estamos tranquilizando.

Y entonces podremos incluso intentar proponer intercambios, iniciando una negociación.

4 Distraerlos proponiendo otros juegos

Esta solución es la más adecuada cuando los niños son **muy pequeños**. Lo importante es que no parezca una estratagema para favorecer a uno de los niños en perjuicio del otro.

5 Prever las situaciones para limitar los conflictos

Antes de recibir en casa a los amigos del niño, es bueno preparar junto con él un **espacio colectivo,** del que habremos sacado los objetos que más aprecia o los que no queremos que se rompan.

Se puede preparar de antemano un gran cesto lleno de juguetes, que todos puedan tomar, o una mesa llena de bolígrafos, hojas de papel y cartulinas de todos los colores.

La psicóloga Marilyn Legal, de la Universidad de Florida, sugiere que se pida al niño, antes de invitar a los compañeros, que elija los juguetes que van a usar, uno para él, otro para Javier, otro para Adrián..., y que luego hagan la prueba de intercambiarlos.

A los pequeños podemos incluso proponerles "el juego del despertador": al sonar la campanita, los niños dejan los juguetes y los intercambian.

Al final se felicita a todos por haber sabido respetar las reglas del juego.

CUANDO LAS BUENAS INTENCIONES NO BASTAN

La familia Jiménez

La familia Jiménez (el papá, la mamá y los tres niños: Andrés, de 9 años; Jorge, de 7 y Paola, de 3), están en la pizzería. La mamá ordena una pizza para cada uno, con excepción de Paola, porque piensa compartir la suya con ella.

"¿Y yo...?" reclama enseguida Paola.

"Voy a darte un pedazo de la mía", se apresura a decirle la mamá, previendo la tormenta. "¡Una pizza entera es demasiado para ti! Después no te la acabas, y vamos a tener que tirarla".

Llanto desesperado. Paola se tira por el suelo. El papá la arrastra fuera de la pizzería. La madre los alcanza. El mesero, harto de esperar, deja a los otros dos niños y va a tomar la orden a otra mesa.

De pie, ante la puerta de la pizzería, los padres discuten; Paola está aferrada a las piernas de la mamá. Llegan Andrés y Jorge protestando. El papá se impacienta; levantando la voz, hace que todos se suban al auto. La familia Jiménez regresa a casa.

"¡Vaya bonita salida!", comenta Andrés, y se lleva un pescozón.

¿Qué no funcionó?

No cabe duda de que, en cuanto a comer pizza, toda la familia Jiménez estaba de acuerdo. El conflicto surgió en cuanto a las **modalidades**. Paola quería una pizza para ella sola; la mamá quería darle sólo un pedazo.

Era legítimo el deseo de Paola de ser como todos los demás.

Era legítimo el deseo de la mamá de no tirar el dinero en una pizza que sabía por experiencia que después no se iba a terminar.

En estos casos, los psicólogos hacen dos sugerencias.

1. Aplicar la **técnica del espejo** (*véase* el capítulo precedente); es decir, describir los sentimientos del niño, sin juzgarlos.
2. Una vez relajada la tensión, proponer una serie de **posibilidades**.

Las estrategias que hay que seguir

"¿Y yo?", protesta Paola.
Partiendo de estas dos premisas, imaginemos otro escenario diferente.

1 Ponerse en el lugar del niño

La mamá no presenta a Paola la solución ya hecha *("Voy a darte un pedazo de la mía")*, ni le impone su propio juicio *("¡Una pizza entera es demasiado para ti!")*.

Trata, en cambio, de ponerse en el lugar de la niña y de interpretar sus sentimientos, aplicando la famosa técnica del espejo: *"Te gustaría comerte tú sola una pizza, ¿verdad?"*.

De este modo reconoce el derecho de Paola a una pizza entera.

2 Buscar otras alternativas de solución

Llegados a este punto, la mamá puede proponer: *"Tú te la*

El martes es día de mercado, y papá advierte: "No vamos
a comprar nada, porque ya tenemos todo".
Pero los otros niños salen llenos de bolsas, y no saben
que a nosotros no nos falta nada. (Carla, de 5 años)

La tía Luisa me da dinero para comprarme yo solo rega-
los, porque no tiene obligación de conocer las tonterías
que me gustan. Luego viene a ver qué compré, y dice: "Pero,
mira qué tonterías". (Alberto, de 6 años)

En concreto, ¿cómo hacer **participar** a los niños en nuestras decisiones? ¿Qué palabras utilizar para transmitirles
nuestro concepto del dinero?

Proponemos a continuación las frases que más común-
mente se nos escapan ante el enésimo *"¿Me lo compras?"*.

Tratemos de descubrir el efecto que producen en nuestros hijos, y por qué no funcionan.

Veamos, en cambio, cómo podrían expresarse los mismos
conceptos, de modo que los niños se sientan satisfechos,
incluso frente a un "no".

En vez de decir...

"No tenemos dinero".

Cuando decimos "no tenemos dinero", entendemos que
para ese juguete no hay dinero, o más exactamente, que
preferimos gastar nuestro dinero en cosas que considera-
mos más útiles.

Pero lo único que el niño capta es que somos pobres; de
esta forma, no podrá comprender qué significa en realidad
serlo, ni la diferencia entre lo útil y lo superfluo.

...probemos a hacerlo así

Tomemos en cuenta sus deseos como quisiéramos que los
demás lo hicieran respecto de nosotros: "Tienes razón, ese

juguete es deveras bonito, pero hoy tenemos que comprar el mandado y no puedo gastar en él".

En muchos casos, el **sentirse comprendido** hace que se desvanezca en el niño la agresividad y el querer desquitarse.

En lugar de decir...

"Cuesta demasiado".

Hasta los 5 años, el niño piensa que el dinero es inagotable; y que cuando se acaba, se repone sin más. Los padres disponen de él en cantidades ilimitadas: ¿por qué negarse a emplear una pequeña parte para tenerlo a él (o ella) contento?

Cuando ha oído en alguna ocasión decir al papá que la renta del departamento es "sólo" de 7,500 pesos mensuales, o que el automóvil fue barato, porque no costó más que 90,000 pesos, ¿cómo puede comprender que su videojuego de 350 pesos cuesta "demasiado"?

En este contexto, nuestra negativa a comprarle "aquella cosa" resulta incomprensible.

...probemos de esta manera

Ante un juguete costoso, del cual el niño piensa que absolutamente no puede carecer, **no le cerremos la puerta al diálogo** negándole sin más sus deseos.

Demostrémosle, en cambio, comprensión: "Entiendo que tengas tantas ganas de tenerlo; pero si lo compramos, tendremos que renunciar a salir a comer con los abuelitos".

En lugar de decir...

"El que tú lo quieras, no es una razón que valga".

Es verdad que hay que enseñarles a controlar sus antojos, pero estas frases inducen al niño a defender con más

En lugar de decir...

"Está horrible; ¿cómo puede gustarte un juguete tan feo? No sé qué le encuentras".

Tenemos el temor de que el pequeño crezca con referencias equivocadas, y querríamos educar su gusto y el sentido crítico.

Pero con estas palabras logramos el efecto contrario. El niño se siente atacado y molesto, porque no logra entender, y trata de defender más aún su postura. "¿Quién lo dice? A mí me gusta, y basta. Tú no entiendes nada".

Al criticar sus juegos preferidos sin darle explicaciones, corremos el riesgo de reforzarle el sentimiento de revancha.

Traducida en términos más explícitos, la frase significa: "Tienes un gusto pésimo, no sabes elegir tus juegos y te diviertes con tonterías". Éste es un mensaje que difícilmente dispondrá el ánimo a la escucha.

...probemos a hacerlo así

Antes de causar un disgusto al niño con un juicio tan pesado, tratemos de entender cómo es posible que lo haya cautivado la fascinación por lo horrendo. Pidámosle que **nos explique** por qué le gusta tanto ese juego. Hagamos la prueba de soñar con él sobre el objeto deseado: podría ser una buena ocasión de conocer mejor a nuestro pequeño y descubrir que ese robot horroroso tiene una pistola gigantesca, capaz de aniquilar a todos sus enemigos...

"Está todo pintado y hace *grrrrr;* todos mis amigos lo tienen..., lo he visto en la televisión".

Cada una de estas respuestas tiene su propia lógica, y nos permite continuar el diálogo.

Si no estamos de acuerdo con la elección, expliquémosle con claridad nuestro punto de vista. Lo importante no es hacer juicios sobre **sus** gustos, sino hablar de **nosotros** y nuestras convicciones.

Hablemos juntos de las cualidades y de los defectos, haciendo notar que a veces las cosas vistas de cerca, y no sólo a través de la pantalla del televisor, pueden parecer **diferentes**.

En lugar de decir...

"Si dejas de portarte mal, te regalo el Game Boy *que me pediste".*

El niño se siente "malo", poco amado. Y como sus extenuantes peticiones esconden a veces una demanda de atención, el efecto obtenido es precisamente el contrario del que nos proponemos.

En apariencia, parece una frase muy educativa. Propone un objetivo: *dejar de portarse mal* y, como consecuencia, hace que brille la posibilidad de un premio: *el regalo.* Entonces, ¿por qué no funciona? ¿No la hemos oído nosotros mismos cientos de veces cuando éramos niños?

¡Exactamente...! Cuando éramos niños.

"Portarse mal" o "portarse bien" son conceptos que se aplican sólo a los niños, jamás a los adultos, ni a los amigos o compañeros.

¿Nunca has oído frases como: "Anoche, mi marido se portó mal, dejó la luz encendida para leer y me tuvo despierta todo el tiempo"; o bien: "Mis empleados se portan mal, llegan tarde y pierden el tiempo"?.

¿Cómo se explica? Porque "portarse mal" o "portarse bien" no describen el comportamiento del niño, sino la molestia y la irritación que nos causa. Pero, puesto que la imagen ideal exige que el padre o la madre estén siempre disponibles y dedicados, en vez de decir: "A mi hijo nada le satisface, es muy sucio, no lo soporto más...", descargamos sobre él toda la cul-

¿Qué me das a cambio, si me lavo los dientes?"

La petición de un premio a cambio de la obediencia o de hacer las cosas que se dan por descontadas, suena a desafío. Y de hecho lo es. El niño quiere poner en práctica un nuevo instrumento: el de la negociación. ¿Cómo hacerle comprender la diferencia entre un compromiso y un chantaje?

Si nos encontramos ante situaciones de este tipo, es importante no ceder: el niño no podrá ya entender cuáles son las situaciones que no se discuten –como por ejemplo, la higiene o la salud–, y aquellas sobre las cuales puede, en cambio, expresar sus preferencias y negociar.

Siempre que se pueda, démosle la oportunidad de elegir, pero explicándole siempre claramente los límites que le imponemos. Por ejemplo:

- "Es tarde, ahora hace más frío, y hay que cubrirse mejor *(nuestro límite)*: ¿qué chamarra quieres ponerte? *(su preferencia)*".

- "El cuarto tiene que estar ordenado antes de la noche *(nuestro límite)*:¿cuándo prefieres arreglarlo, ahora o cuando vuelvas del karate? *(su preferencia)*".

En todo caso, debe aprender que no obtendrá nunca nada con gritos y pataleos. Esto no quiere decir que de cuando en cuando no pueda convencernos de que le compremos lo que desea. Pero se trata de dejarse persuadir con buenas razones, sin chantajes.

3. *"Si sigues así, no lograremos terminar a tiempo la compra antes de que tu abuelita llegue a la casa, y no habrá quien le abra la puerta".*

Luego, tomemos en brazos a nuestro niño y démosle un beso: aunque lo reprendamos, entenderá que lo seguimos amando igual que siempre.

El poder de los niños

No sé qué hacer respecto de mi hijo: no soy capaz de prohibirle algo sin gritos y amenazas, pero tengo miedo de hacer daño a su personalidad. (Lucía, mamá de Lorenzo).

¿Cómo ha logrado el pequeño Lorenzo adquirir semejante poder? En general, ya en el segundo año los niños empiezan a notar que si lloran fuerte y durante mucho tiempo, pueden obtener lo que quieren. Sus armas de chantaje son muy refinadas: se arrancan el cabello o vomitan siempre que se les niega algo; otros retienen la respiración y otros, en fin, se tiran al suelo, golpeándose la cabeza contra el pavimento.

A pesar de las apariencias, no se trata de niños especialmente difíciles. Sencillamente desempeñan su **papel de niños**, que consiste en tratar de obtener, a como dé lugar, la satisfacción de un deseo. Y su deseo es tan intenso, que los empuja a usar cualquier medio con tal de alcanzar el fin.

Todavía no han aprendido de la experiencia que a menudo es preciso esperar para tener lo que se desea, y que muchas veces de hecho no se consigue.

El problema es que con frecuencia no se logra decir que no sin caer en la trampa de los caprichos, que no acaban nunca.

Si nunca hemos sentido lo que significa combatir con un pequeño chantajista y asistimos a una escena como la descrita por la mamá de Lorenzo, podemos pensar: "Si ese pequeño delincuente dependiera de mí, ya vería...".

Y, sin embargo, cuando se trata de los propios hijos, se tiene miedo.

Lucía nos cuenta:

La verdad es que temo que el niño no pueda soportar la desilusión de que se le niegue lo que desea durante sus primeros años. No quiero que sufra y, sobre todo, me preocupa su salud física cuando, ante alguna negativa mía, deja de respirar. Y luego, no logro soportar el hecho de que se enoje conmigo.

Temores con frecuencia infundados

"A pesar de lo comprensible que son, estos temores carecen por completo de fundamento", explica el pediatra Roberto Albani, experto en comunicación entre padres e hijos. "Innumerables estudios llevados a cabo en todo el mundo, demuestran que los niños no son tan frágiles como parecen; por el contrario, son fácilmente adaptables. Aun los pequeños que se golpean la cabeza, que vomitan o que dejan de respirar, pueden aprender a renunciar a lo que les atrae sin riesgo alguno para su salud".

No sólo eso. Sus rabietas imprevistas e intensas respecto de la mamá que dice "no", desaparecen sin dejar huella. En cambio, a menudo son nuestros temores los que hay que vencer, y a medida que cedemos al chantaje, la situación se vuelve más difícil: el pequeño se acostumbra a obtener lo que quiere precisamente mediante el "mal" comportamiento, que se refuerza siempre por el hecho de que **da resultado**. Continuamente aprende nuevos trucos para hacer más eficaz su poder de chantaje. Por ejemplo, Lorenzo sabe que poner en una situación embarazosa a su mamá delante de muchas personas desconocidas, es una estratagema que rara vez falla. Y cuando quiere algo y está en una tienda o en la calle, añade a la petición gritos y escándalo.

Lucía sigue diciendo:

Una vez se tiró al suelo, chillando como sirena: "¡Eres una mala madre, mala! ¡No me quieres nada!". Todos me lan-

lo de seguir con su actitud es hacerle sentir que así no obtiene ningún resultado, ni siquiera el de hacernos enojar.

Pero tenemos que estar verdaderamente convencidos de ello. Sólo entonces lograremos con sorprendente facilidad mantener la calma: en el momento en que el niño nos ve agitados o irritados, entiende rápidamente que está a punto de ganar la batalla.

En cambio, si con toda tranquilidad observamos su comportamiento sin alterarnos, quedará completamente desarmado, y comprenderá que sus chantajes ya no nos dan miedo.

2. No ceder

Digamos "no", y mantengamos nuestra posición, sin importarnos cuál truco se invente para hacernos ceder. Sin insultarlo ni llamarlo "malo" o "caprichoso", respondamos simplemente que no queremos darle el *Pokémon* que pide. A menudo, basta con repetir varias veces calmadamente **nuestra negativa**, como disco rayado.

"¡Quiero ese Pokémon!"

"Ya veo que te gusta el Pokémon, pero esta vez no te lo voy a comprar".

"Pero yo lo quiero, ¡nunca me compras nada!".

"Siento que pienses así; pero, de todos modos, el Pokémon no se compra".

"¡A Silvia siempre le compras todo!".

"¿Te parece...? De todos modos, el Pokémon no te lo compro".

"¡Eres mala! ¡Ahora me lo compras!".

"Puedes decirme todo lo que quieras, y patalear cuanto te plazca, pero no te compro nada..."

3. Mostrar comprensión

Al decir que no, es importante dar a entender al niño que nos damos cuenta de lo intenso que es su deseo, y evitar aquello que a menudo pronunciamos por instinto: "Tú quieres demasiadas cosas; ayer ya te compré una... ¿Cuándo vas a dejar de pedir?", y así sucesivamente...

En el fondo, el niño necesita sobre todo **sentirse comprendido**; si ve que reconocemos su deseo, estará mejor dispuesto a adaptarse a nuestra negativa.

Por eso, podemos decirle: "¿Te gusta mucho ese Pokémon?", o bien: "Querrías comprarlos todos, ¿verdad?"

Y luego repitamos nuestra negativa sin cansarnos.

4. No discutir

Es esencial evitar discutir mucho tiempo con el niño los motivos por los que no queremos concederle lo que quiere, porque puede encontrar razones igualmente válidas a su favor.

Las largas explicaciones para convencerlo de que nuestra decisión es justa, no son más que intentos fracasados de que perdone nuestras negativas y le ofrecen más bien la posibilidad de hacernos sentir culpables y perder la calma.

Y él **sabe** que esos sentimientos nos llevarán a ceder.

5. Empezar desde una situación "fácil"

Una regla que conviene seguir cuando se empieza a "reeducar" al pequeño chantajista es no comenzar haciéndolo en las situaciones más difíciles.

Procuremos, ante todo, adquirir **seguridad** al afrontar las escenitas que se producen en la casa, donde no tenemos que preocuparnos del ridículo ante extraños.

Mientras tanto, en las situaciones demasiado embarazosas, si no tenemos el ánimo para luchar, evitemos de plano el conflicto, diciendo "sí".

Éste es también un modo de disuadir al niño de que siga recurriendo al chantaje y otras manipulaciones para obtener lo que quiere.

En cambio, si decidimos negarle el Pokémon, el estar en un lugar público no debe impedirnos hacerlo. Todos, vendedores y clientes, están acostumbrados a escenas de este estilo, y no les molesta en absoluto ver lo que está sucediéndonos.

Pero si estamos en el supermercado y el niño se empeña en seguir llorando ante nuestra negativa, procuremos apresurar nuestras compras reduciéndolas al mínimo indispensable, y volvamos a casa sin haber satisfecho su petición. Sólo así aprenderá que **no vale la pena** hacer tanto esfuerzo para nada.

6. Prepararse para las "recaídas"

Como quiera que sea, hay que tener siempre presente que si el pequeño está ya acostumbrado a intentar todo para obtener lo que quiere, no le resultará fácil renunciar a su poder.

Antes de llegar a lo que los psicólogos llaman **extinción del comportamiento**, el niño se enojará y se sentirá desilusionado ante nuestro nuevo modo de hacerle frente, por lo cual, enseguida entablará una furiosa batalla por mantener su posición: esto es una **llamarada de extinción**.

Para resistir, deberemos ser más fuertes, por su propio bien: de hecho, él será el primero en obtener grandes beneficios.

Se dará cuenta de que no estamos dispuestos a soportar sus chantajes, aprenderá a aceptar de buen grado cualquier negativa, y podrá gozar con plena libertad de todo lo que le concedamos, esta vez por amor y no por la fuerza.

Un caso ilustrativo

En su libro *Cómo llevarse con los hijos para verlos crecer bien,* el psicólogo estadounidense Sal Severe presenta un caso y hace de él un análisis magistral, del que vale la pena presentar sus aspectos más sobresalientes.

Cada vez que Miguel, de 4 años, va al supermercado con su mamá, se repite la misma escena.

En el primer estante:
Miguel pide una bolsa de dulces y la mamá le dice que no.

En el segundo estante:
El pequeño comienza a suplicar. La mamá vuelve a ne-gárselo.

En el tercer estante:
Miguel tiene una crisis de rabia y sus demandas se vuel-ven cada vez más notorias. La mamá se resiste. El niño enrojece, patea el carrito del supermercado y lo sacude furioso. Ella lo amenaza con darle una tunda si conti-núa portándose así. Pero él sigue.

En el séptimo estante:
La rabia del niño explota. La mamá busca un rincón donde esconderse, pero está frente al aparador de los he-lados. Él lanza alaridos, patalea y llora a grito pelado. Todos están viéndolos. La mamá cede y le compra la bol-sa de dulces.

¿Qué ha enseñado la mamá a Miguel?

1. La palabra "no" **carece de sentido**. La mamá ha dicho cua-tro veces "no" y después "sí". Eso significa que cuando di-

ce "no", en realidad intenta decir "pide una y otra vez, y cuando tu comportamiento se vuelva tan molesto que ya no pueda soportarlo más, cambiaré mi 'no' por el 'sí'." Ha enseñado al niño a ser tenaz, aunque sea negativamente.

2. Las crisis de rabia son útiles. El pequeño ha aprendido que los gritos y la insistencia son productivos: si se grita lo bastante fuerte y durante un buen rato, se obtiene una bolsa de dulces. Su actitud **surte efecto** porque recibe la recompensa.

3. Miguel ha entendido finalmente que lo que la mamá dice **no siempre es cierto.** En efecto, ella afirma: "Si no dejas de fastidiarme, te voy a dar de nalgadas"; pero, en cambio, le compra una bolsa de dulces.

Imaginemos ahora qué pudo haber pensado el niño: "La semana pasada necesité más tiempo para lograr que me compraran los dulces; esta semana, menos. Voy mejorando. Cuando mi mamá empieza a decir que me va a dar de nalgadas, es buena señal. Siempre me lo dice y nunca lo hace... Cuando lo dice, es señal de que los dulces están cerca".

Miguel también ha enseñado algo a su mamá: "El único modo de obtener un poco de tranquilidad es comprarle lo que quiere. Cualquier otro intento está resultando inútil".

¿Qué hacer en estos casos?

¿Cómo comportarse si el mecanismo se ha puesto en marcha ya, y estamos enredados en la espiral del chantaje?

En el caso de Miguel, siguiendo las indicaciones del psicólogo, la mamá dejó de ir con el niño al supermercado y empezó a llevarlo a las tienditas cerca de la casa, para las compras menores. Antes de salir, **le explicaba** lo que iban a hacer juntos. Le decía a dónde iban y qué iban a comprar, y le mostra-

ba la lista de cosas, aunque él no supiera todavía leer: tres
o cuatro productos en total. Al terminar de leérsela, le anun-
ciaba un pequeño premio, por ejemplo, unas galletas es-
peciales.

A menudo, al repasar la lista preguntaba al niño si quería añadir algo y, una vez en la tienda, le permitía llevar la
lista.

Todo ello, para hacerle participar en la compra tenién-
dolo ocupado. A medida que adquirían los productos necesarios, la mamá se los señalaba en la lista y él los iba tachan-
do. Al final, el niño podía escoger las galletas que quería.

El psicólogo explicó a la mamá que durante las compras
era importante **motivar** al pequeño: "Has hecho muy buen
trabajo repasando la lista, gracias. Agradezco tu ayuda, ¡gracias, Miguel!".

Después de dos semanas de práctica y una que otra recaí-
da, el plan demostró su eficacia.

Una vez que Miguel y su mamá se familiarizaron con las
reglas de las compras, volvieron al supermercado: al principio con encargos rápidos y listas breves; después, durante más tiempo.

Miguel aprendió a comportarse. Y su mamá también.

CUANDO LA MAMÁ DICE "NO"
Y EL PAPÁ DICE "SÍ"

Enrique

Con toda la fuerza de sus 4 años, Enrique se aferra a la manga del papá, y señalando en el boletín de las ofertas la página donde salen los juguetes, le pide: "¿Me lo compras?"

El papá se deja llevar, dispuesto a ceder, pero la mamá, molesta, interviene: "Su cuarto está lleno de juguetes que no usa, y cada vez que vamos de compras regresa con uno nuevo. A fin de mes es un montón de dinero el que se ha tirado a la basura. ¡No podemos permitir que se salga siempre con la suya!"

Sucede en todas las familias. Precisamente mientras de los labios de la mamá sale un seco "no", la sonrisa del papá anticipa un "sí". O **al contrario.**

O bien, si uno de los padres dice "no, se lo reprochan y, sin más, se lo piden al otro.

Son trucos que aprenden con increíble rapidez, y que con el tiempo se perfeccionan cada vez más.

Los niños nos observan, decía el título de una vieja película. Y nos observan desde muy pequeñitos. Incluso antes de entender las palabras, saben "olfatear" y captar nuestros estados de ánimo.

Cualesquiera que sean las discrepancias, de una cosa podemos estar seguros: nuestros hijos se dan cuenta de ellas. Esto no significa necesariamente que se inquieten por ello:

sólo quiere decir que es inútil pensar en poder ocultarles nuestras diferencias.

Cómo manejar los desacuerdos

Entonces, ¿no tiene ya valor el viejo precepto: *"nunca discutir frente a los hijos"*?

De 0 a 4 años y en adelante.
Las reglas básicas

• **Hasta los 3 años.** Es mejor evitar manifestar delante de los niños nuestras diferencias. En particular por lo que se refiere a las prohibiciones, es importante que actuemos de la misma manera para no generar inseguridades. Los padres deben estar de acuerdo sobre las reglas y las expectativas, y si tienen ideas diferentes, no importa: lo que cuenta es no discutirlas frente al pequeño.

Busquemos un acuerdo sobre algunas líneas de conducta comunes, y dejemos a un lado el resto, presentándole al niño un frente único. En realidad, el niño pequeño se siente el centro del mundo y tiende a atribuirse a él mismo la causa de todo lo que sucede, incluido nuestro mal humor.

• **A partir de los 4 años.** En la guardería infantil y después en la escuela, los niños aprenden a entrar en contacto con el mundo de los adultos: una aclaración puede ser mucho más útil que un silencio cargado de malentendidos.

El niño comienza a darse cuenta de que las opiniones de sus padres no son improvisadas, sino el resulta-

→

"Todavía vale, sobre todo cuando son pequeños", explica Anna Oliverio Ferraris, catedrática de psicología de la edad evolutiva en la Universidad de Roma. "Cuando los niños son pequeños, es mejor evitar todos los enfrentamientos, que pueden desorientarlos. Se entiende en la familia haya diferencias. El niño se siente confundido y, para salir de la in-

do de valoraciones que pueden modificarse. Mientras el tono se mantenga dentro del ámbito de una confrontación civilizada, las pequeñas discusiones pueden, pues, constituir una experiencia positiva.

Si mamá y papá tienen opiniones diferentes, lo importante no es reprimirlas a toda costa, sino explicar el porqué de ellas. Es posible que mamá diga que no al helado, porque teme que le haga daño; en cambio, papá piensa que por una vez se puede hacer una excepción a la regla.

Si aclaramos los motivos de nuestras discusiones, los niños comprenden y se tranquilizan: mamá le ha dicho que no porque le quiere mucho y se preocupa por él. Y el papá ha dicho que sí por la misma razón.

Lo que se discute es una elección que se refiere a la educación, no el afecto que se le tiene.

Si dedicáramos un poco de tiempo a explicárselo, le tranquilizaríamos enseñándole que hay opiniones diversas.

Es inevitable que los padres tengan características individuales: mamá puede tender a ser una juiciosa hormiguita, mientras papá es un alegre consentidor; o viceversa: él es un tipo quisquilloso y ella un espíritu despreocupado. Darse cuenta de estas diferencias ayuda al niño a no adoptar actitudes rígidas.

certidumbre, puede decidir alinearse con el progenitor que a él le parece **más fuerte**, o solidarizarse con el **perdedor**. O bien —y éste es el caso más frecuente— **aprovecharse** de la situación para obtener algo".

Pero no lo hace por oportunismo, sino más bien para ver hasta qué punto puede llegar, y para verificar cuál es el grado de confusión sobre lo que está permitido y lo que le está prohibido.

Es una señal que manda a sus papás: "Pónganse de acuerdo sobre lo que quieren de mí".

¿Significa esto que debemos vivir con la sonrisa en los labios y enojados por dentro?

Discutamos, naturalmente, pero observemos siempre ciertas reglas. Lo importante es evitar dos formas de comportamiento que a menudo, en cambio, nos son naturales.

1. Buscar la popularidad con el niño, para ser el progenitor preferido.
2. Transferir a las opciones educativas enfrentamientos y resentimientos personales con el cónyuge, que muy poco tienen que ver con la educación y las exigencias de los hijos.

Partiendo de estas dos premisas, es posible **establecer algunas reglas,** como las que aquí sugerimos, para manejar las diferencias, y que, si las seguimos, podremos obtener buenos resultados.

TOMAR CONCIENCIA DEL DINERO

¿Qué es lo que realmente entienden los niños?

Un niño de unos 6 años se había comprado una pizza pequeña y, después de pagar con un billete de 100 pesos, se disponía a marcharse, cuando la cajera lo detuvo devolviéndole varios billetes y algunas monedas. Tomando el dinero, el niño lo examinó un momento con cierto asombro, y luego se dio la vuelta para irse. La cajera volvió a llamarlo: "¡Espera, esto también es tuyo!", y le devolvió algunas monedas de un peso. El niño la miró con ojos desorbitados y extendió la mano. Su mirada iba de la cajera al dinero y a la mamá que estaba a su lado, y luego otra vez al dinero. Después de unos segundos inmóvil, el niño acabó por alejarse con cierta prisa, como si temiera que la cajera cambiara de modo de pensar y tratara de quitarle aquel tesoro inesperado.

Así comienza una importante investigación sobre el mundo económico del niño, realizada en la década de los ochenta por las psicólogas Anna Emilia Berti, de la Universidad de Padua, y Anna Silvia Bombi, de la Universidad La Sapienza de Roma.

Tras entrevistar a centenares de niños de 3 a 13 años, las dos psicólogas redactaron un informe que describe perfectamente qué es lo que un niño, a diversas edades, puede captar realmente sobre el dinero, el trabajo y las compras.

La historia de un niño de familia acomodada, convencido de haber adquirido una insólita fortuna que recibió, a cambio de un solo billete, una pizza y tanto dinero en papel y hasta en metálico, no es más que uno de los muchos ejemplos de cómo los niños leen nuestros gestos de un modo para nosotros totalmente incomprensible.

A menudo, cuando nos dirigimos a nuestros pequeños, **damos por descontados** muchos conceptos que para ellos de ninguna manera lo son.

En realidad, desde el punto de vista del desarrollo cognoscitivo, el niño de hoy no es muy diverso del de hace 100 años. Han cambiado las actitudes externas, la actitud ante al consumo, la autonomía, la exposición a los estímulos; pe-ro la conciencia y la capacidad de abstracción empiezan a abrirse camino más tarde, durante la pubertad.

Ayer me enojé: "Cómete todo", me decían los tíos, "porque algunos niños no tienen nada..."
Entonces, yo contesté: "Si me lo como todo, seguro que no tendrán nada". (Luis, de 5 años).

Una vez, yo no quería comerme la sopa. Mi mamá me había explicado que muchos niños serían felices de tenerla. Yo respondí: "Entonces, llévasela...". (Franco, de 5 años).

Aunque no les resulte extraño oír hablar del banco, de inversiones y de riquezas de miles de millones, los niños pueden entender la idea de la ganancia, de las utilidades y del ahorro, sólo después de los 10 años.

He aquí algunas de sus respuestas, ingenuas y sorprendentes.

Entre los 3 y los 5 años

- ¿Cómo hacen los papás para tener el dinero que gastan?
  Lo sacan de la bolsa.
  Y cuando se acaba, ¿qué hace papá?
  Lo saca de la otra bolsa.
  Y cuando se acaba también ese dinero, ¿qué hace?
  Saca todavía más.
  ¿De dónde?
  Del portamonedas. (Esther, de 4 años).
- ¿De dónde sacan el dinero mamá y papá?
  Van a pedirlo a la tienda.
  ¿Por qué papá va a trabajar?
  Porque tiene que escribir.
  ¿Podría quedarse en casa?
  No.
  ¿Por qué?
  Porque siempre está queriendo salir.
  Si ya no quiere salir, ¿puede quedarse en casa?
  Puede salir a dar la vuelta.
  Y un papá que trabaje de barrendero, si no tiene ganas de ir a limpiar las calles, ¿puede quedarse en casa?
  Sí.
  Entonces, ¿por qué sale a trabajar?
  Porque las calles están sucias. (Roberto, de 5 años).
- Los ricos, ¿pueden hacerse pobres?
  Sí, porque compran muchas cosas para comer.
  ¿Y no pueden tener ya dinero?
  Sí, van al banco.
  ¿Es fácil o difícil hacerse rico?
  Fácil. (Claudia, de 5 años).

En la guardería, los niños todavía no son capaces de hacer operaciones lógicas de **causa-efecto**: el comerciante da el

cambio "para que la gente no se quede sin dinero"; los cho-
feres "conducen autos para permitir a las personas hacerse
a un lado"; la Luna existe "para que la noche sea menos os-
cura"...

No tienen la menor idea de lo que es el dinero, y creen
que se consigue "yendo a comprarlo a la tienda", por medio
del rito mágico del cambio, como dice Roberto. Piensan que
las mercancías pueden adquirirse sin pagar, o bien que se
pagan, no sabemos cómo, haciendo realidad una ganancia.

Falta totalmente la idea de la producción: la mayoría piensa que la mercancía se compra a otro comerciante quien, a
su vez, la compra a un tercero, y así sucesivamente.

El pagar sigue siendo un misterio: ven a los comerciantes dar
un cambio enorme en billetes y monedas por un único billete de 500 pesos, y se imaginan que la compraventa no es más
que un *ritual*, un juego al que juegan incluso los mayores.

Entre los 6 y los 7 años

- *Con 1,000 pesos se compran chocolates o un juguete;*
  pero no un automóvil, porque cuesta demasiado di-
  nero.
  ¿Y con 10,000 pesos...?
  El auto sí.
  Entonces, ¿estos 10,000 son más que estos 1,000?
  Sí.
  ¿Por qué lo sabes?
  Porque hay más números. (Pedrito, de 6 años).

- Si el vendedor del periódico lo paga a 10 pesos, ¿a qué
  precio debería venderlo?
  A cinco.
  ¿A menos?

Sí, porque el que lo hace se lo da a 10 pesos, y cuesta más hacerlo, mucho más. Lo hace y se lo da, y luego él los vende a menor precio. (Francisco, de 7 años).

Los niños no ven la relación entre el valor del objeto y su precio, pero **ya distinguen** los diversos tipos de moneda, valiéndose de indicios como el tamaño del billete o la cantidad de ceros impresos en él. Empiezan a imaginar **correspondencias** entre los precios de los objetos y las cantidades pagadas por comprarlos, y son conscientes de que las personas mayores deben ir al trabajo para tener dinero.

Aunque pueda parecer paradójico, sin embargo, a esta edad los niños no comprenden que, con el dinero que recibe, el comerciante debe volver a abastecer la tienda con nuevas mercancías, y además cubrir sus necesidades personales.

En muchos casos, creen que el comerciante paga la mercancía al mismo precio de venta sin obtener ganancia alguna o, incluso, que a medida que va pasando de la fábrica a la tienda, la mercancía cuesta menos, porque el trabajo de quien vende es menos cansado que el de los obreros, y por eso se paga a menor precio.

Esto no debe sorprender. Para individualizar un *rol* (empleado, productor, comerciante, mayorista, cliente), se requiere hacer una operación de clasificación: aquí se trata de clasificar a los individuos basándose en su actividad. Pero esta capacidad la adquieren los niños más tarde.

Por lo que se refiere a los bancos, piensan que la gente deposita ahí su dinero para no perderlo o para que no se lo roben, o porque, como dice Hugo, de 6 años, *"no cabe en la billetera"*.

De 0 a 10 años.
Las etapas del desarrollo intelectual

• **Entre los 3 y los 4 años.** "A los 3 años, lo que atrae de una moneda es el brillo, el color, el curioso diseño en relieve que adorna la cara. Es por ello que un niño quiere tener muchas de esas monedas, cada vez más, lo mismo que podría desear tener un cuarto lleno de juguetes", afirma Fulvio Scaparro, profesor de Psicopedagogía en la Universidad Estatal de Milán. Podemos lograr que se familiaricen con ellas haciendo que se fije bien en el tamaño, el grosor y las figuras que tienen impresas.

• **Entre los 4 y los 5 años.** A esta edad se puede ayudar al niño a tener una idea más precisa de algunos aspectos del comercio: jugar al tendero, llevarlo a visitar el lugar de trabajo de la mamá y del papá, hacerle pagar alguna pequeña compra, dejarlo elegir la merienda y luego ayudarlo a compararla con otras en cuanto a precio, peso e ingredientes.

• **Entre los 6 y los 7 años.** Se puede empezar a involucrar a los pequeños en las discusiones sobre el gas-

→

Entre los 7 y los 9 años

• ¿Los bancos prestan dinero?
  Sí, pero el tuyo, ¡claro!, el que has depositado.
  Y, si yo no he depositado antes, ¿no puedo pedirlo?
  No, porque no te dan el dinero de otros. (Darío, de 8 años).

• ¿Quién le paga al campesino?
  Nadie.
  Entonces, ¿de dónde saca el dinero que necesita?

to familiar: lo que cuesta la comida, la renta de la casa, la gasolina, la ropa. El mismo juego de "El turista", que nunca pasa de moda, ofrece la ocasión de aprender algunos principios sencillos de economía.

- **Entre los 7 y los 8 años.** A esta edad y teniendo en cuenta el grado de madurez de cada niño en particular, se le puede asignar una pequeña suma de dinero semanal, del que él o ella disponga en forma autónoma.
- **Entre los 8 y los 10 años.** Se puede decidir abrir una cuenta a nombre del niño, llevarlo a visitar un banco, ir de compras con una lista de cosas diferenciando entre los artículos de primera necesidad y los no imprescindibles. Se le puede animar a que aparte algo para comprar un objeto de particular valor.
- **Después de los 10 años.** Es posible empezar a hablar con los chicos del funcionamiento del sistema económico: analizar juntos las diversas posibilidades de ahorro e implicarlos en las discusiones sobre las finanzas familiares.

Se lo da el banco, y el banco se lo da también a los que mantienen limpia la calle... ¡Tiene tanto! (Cristina, de 8 años).

Al adquirir la capacidad de calcular, los niños empiezan a entender el uso del dinero en la **compraventa**. Saben calcular el cambio, y entienden que el comerciante debe, a su vez, adquirir la mercancía y venderla más cara, para mantener el negocio.

Entienden también que es posible dirigirse al banco para que preste dinero, pero no llegan a comprender aún de dónde obtiene el banco el dinero que presta: todavía no relacionan los depósitos con los préstamos; se imaginan que las sumas depositadas en el banco se encierran en cajones, o cajas fuertes, hasta el momento de la restitución.

En cuanto al significado de la palabra "ganancia" y de cómo el dinero está en relación con el trabajo necesario para obtenerlo, aún tienen **ideas confusas.**

En muchos casos piensan todavía que el dinero lo proporciona generosamente la providencial maquinita del "cajero automático".

Después de los 10 años

El jefe vende los productos y paga a los obreros. (Aurora, de 9 años).

El periódico cuesta 10 pesos porque el editor mira todo lo que ha gastado en papel, en tinta y en los hombres que trabajan. (Juan, de 10 años).

El banco sirve para guardar el dinero y para pedirlo prestado. (Mario, de 10 años).

Los niños empiezan a tener **herramientas del conocimiento** para entender que los precios de las mercancías son el resultado del costo de los materiales, del trabajo de los obreros, de la intermediación comercial y de las tasas de utilidad de los industriales.

Según los datos de la encuesta hecha en abril de 2000 por una institución que analiza la situación de los jóvenes en Italia, sobre una muestra de 864 escolares de quinto año de primaria, el conocimiento de las actividades bancarias está difundiéndose con rapidez: el 95 por ciento sabe de la existencia de los cheques, el 84 por ciento conoce las tarjetas de crédito, más del 70 por ciento tiene una cartilla de ahorros; mientras que hasta un 44 por ciento ha oído hablar de la Bolsa de Valores, aunque desconozca las reglas y las funciones.

Sigue siendo **vaga** todavía la idea de **riqueza**. En general, todos tienden a considerarse como pertenecientes a un grupo acomodado.

¿Qué puede decirse a los niños sobre las diversas formas que adopta el dinero? ¿Cuándo se puede empezar a hacerles aprender la diferencia entre moneda, billete, cheque y tarjeta de crédito? ¿Vale la pena introducirlos a los misterios del ahorro: títulos, obligaciones, órdenes de pago, valor a futuro, etcétera.?

Antes de confundirlos con nuestras abstractas explicaciones, es necesario saber cuáles son las etapas del desarrollo de su intelecto.

CÓMO HABLAR DE DINERO A LOS NIÑOS

Cuando viene a visitarme la tía Beatriz, no me trae un regalo, pero me da 200 pesos. Mi mamá dice que eso no está bien, porque el dinero ensucia el corazón de los niños. (Carla, de 5 años).

"A diferencia del mundo anglosajón, en Italia prevalece el concepto de que cuanto menos se hable de dinero, tanto mejor", afirma Franco Frabboni, profesor de Pedagogía en la Universidad de Bolonia. "En realidad, el dinero no es ni bueno ni malo: es un medio para determinar nuestra calidad de vida, pero es también un instrumento ético, pues nos permite elegir entre varias opciones. Puede usarse para fines más o menos nobles y útiles".

Y mientras nos enfrentamos al dilema entre hablar o no de dinero a nuestros hijos, la máquina publicitaria no vacila, y los bombardea todos los días con miles de mensajes asertivos, perentorios y agresivos, para convencerlos de que gasten despreocupadamente en artículos superfluos.

Distinguir lo necesario de lo superfluo

De acuerdo con los datos de las más recientes investigaciones de mercado, el dinero del que los niños disponen, conocido como **su domingo** lo gastan casi íntegramente en comprar helados, chicles y papas fritas. Sólo un 1.5 por ciento se destina al ahorro, y un ínfimo 0.7 por ciento del total a donativos, un regalo o una obra de caridad.

"A la luz de estos datos, resulta importante adiestrar a los niños para que sepan elegir, ante los apremios a los que se

ven sometidos, tal como les enseñamos las reglas de la or-
tografía o las tablas de multiplicar, explica el psicólogo Giovanni Marcazzan, experto en investigación de mercados.
Cada gesto traiciona nuestra actitud ante el dinero: lo mismo si se trata de elegir el automóvil que del lugar donde vamos a pasar las vacaciones. Es mejor, entonces, explicar el
criterio de nuestra elección y comentarlo con ellos, para
que tengan una visión clara de la vida".

Nuestras negativas pueden volverse así la ocasión para que
los niños aprendan a distinguir lo necesario de lo superfluo.
Si se lo concedemos todo, corremos el riesgo de anular sus
intentos de alcanzar una meta, superando los obstáculos que
inevitablemente encontrarán en su camino.

Por ello, es importante inculcarles todos los días el **sentido de la conquista**, no disminuyendo el valor del objeto deseado, sino razonando con ellos sobre el motivo por
el que conviene posponer o renunciar a la adquisición de
algo e involucrándolos en las decisiones de la familia, dis-
cutiendo los gastos que se hacen.

*Yo vengo de una familia numerosa en la que los padres
decidían cuánto había que gastar y en quién. Pero cada
uno de nosotros, los hermanos, se sentía apartado de las
decisiones que se tomaban.* (Ana, mamá de Sergio, de 11 años;
de Laura, de 9 y de Alvaro, de 6 años).

Cuando fue a su vez mamá, Ana quiso desde un principio
implicar a los niños en las decisiones de la familia, enseñándoles a establecer prioridades y a distinguir entre necesidad
y deseo. Y con su marido inventó una contraseña coloquial,
llamando al dinero "el eso".

No siempre funciona, obviamente, pero en muchos casos ayuda a reducir el conflicto y a evitar la sensación de que tenemos preferencias.

Sus hijos recuerdan todavía una discusión que llegó a ser famosa en la historia de la familia.

Vacaciones, ¿sí o no?

Un domingo estábamos comiendo.

"Este año, por fin, lograremos ir de vacaciones a la playa con los primos", empezó a hablar el papá, haciéndose el resignado.

El anuncio fue acogido con exclamaciones de alegría por parte de Sergio, Laura y Álvaro.

"Pero... se necesita mucho dinero y tendremos que ver cómo ahorramos...".

La alusión al ahorro apagó el entusiasmo y desencadenó la trifulca.

"¡Me habías prometido mi bicicleta!", protestó Sergio.

"Y yo debo comprar el álbum de dibujo", dijo Álvaro.

"¿Pero eso qué tiene que ver?", se impacientó Sergio.

"Y yo quiero patines", declaró categórica Laura.

"Hagamos la prueba, como de costumbre, de aplicar la regla 'del eso'..."

No bien había terminado la frase el papá, cuando Sergio empezó a recitar con sarcasmo: "Primero las necesidades y luego los deseos, y dentro de las necesidades se establecen prioridades: ¡salud y estudio!".

"¡Precisamente...! Entonces, ¿cuáles son las necesidades y cuáles los deseos?".

"Laura necesita su cepillo dental eléctrico y tenemos que comprar también un nuevo lavatrastes", recordó la mamá.

Murmullos de inconformidad.

"Ustedes dicen que el cepillo de dientes eléctrico es un 'eso' pero no me gusta. Yo prefiero los patines", lloriqueó Laura.

"¡Tú, cállate!", saltó Sergio. "El cepillo es una necesidad, ¿no lo entiendes? Como para mí la bicicleta, que me sirve para ir a la escuela".

"¡Ah, claro, qué listo eres!", rebatió la hermana.

El enfrentamiento entre Laura y Sergio acabó en empate. Bicicleta y patines fueron definidos como "deseos", que se satisfarían cuando hubiera dinero para ello. En cambio, el álbum y el cepillo eléctrico resultaron "urgencias de primera necesidad", porque se referían a la escuela y a la salud.

"¿Ya ves?", dijo Sergio, fulminando a Laura con la mirada.

"¡Para que aprendas!", gritó Laura a su hermano.

Ante la perspectiva de las vacaciones en la playa, la satisfacción de otros deseos se pospuso: el papá renunció a renovar la suscripción a su revista favorita, se decidió no salir de la ciudad unos cuantos fines de semana y comprar sólo la ropa estrictamente necesaria.

Pero, mientras tanto, todos prometieron solemnemente ayudar, por turno, a la mamá a lavar los platos.

Al final, el papá aprovechó la ocasión para complacer sus tendencias ecológicas, y proclamar el mes del ahorro energético. No tendría obligación de lavar platos quien en el curso de la semana no dejara nunca encendida la luz de su cuarto.

¿Qué sucedió después?

Ana sigue contando:

Yo empecé a dudar de que fuera buena idea la de ir a la playa. Sergio comenzó a preguntar con insistencia cuándo habría dinero para la bicicleta. Laura se acordaba de los patines cada vez que utilizaba el cepillo de los dientes, y empezaba a llorar. En cuanto a lavar los platos, de cuando en cuando uno que otro me ayudaba refunfuñando. ¿Y la luz? Eran más las veces que permanecía encendida.

Sin embargo, la discusión sirvió para evitar tensiones y enseñar a escuchar las exigencias de cada uno. Fue un modo de transmitir a nuestros hijos que la familia se basa en la solidaridad, esto es, en tener un proyecto común, en compartir las mismas aspiraciones y, naturalmente, en contar con los mismos recursos.

Al final, pasamos unas magníficas vacaciones y los niños sintieron que, en parte, también ellos se las habían ganado.

De esta experiencia podemos sacar algunas **conclusiones importantes.**

1. Los padres **toman en cuenta** todas las demandas, sin hacer comentarios. Cuando Sergio reivindica por primera vez la promesa de la bicicleta en el curso de una discusión que pretende limitar los gastos, sería espontáneo reprocharle su falta de sensibilidad.

   El papá se limita a tomar nota de su exigencia, por más exasperante que parezca, sin juzgarla.

   De esa forma, mantiene **abierto el diálogo** y disminuye la posibilidad de que Sergio se empeñe en defender su posición.

2. Ninguna de las peticiones queda cancelada, a lo sumo se **pospone para tiempos mejores** y se subordina al dinero disponible. La posibilidad de que pueda realizarse permanece abierta, aunque difícilmente esto ocurra a corto plazo.

   Se le deja así al niño el derecho de soñar y fantasear, que es una actividad a menudo mucho más importante que la propia realización del deseo.

3. Para llegar a una **valoración equitativa** de las demandas de todos, se recurre a la contraseña familiar "del eso", pero que puede definirse de cualquier otro modo.

   El concepto se evoca automáticamente cada vez que se deba decidir la forma de utilizar el dinero para satisfacer las diversas exigencias.

- La **necesidad** es algo de lo que no podemos prescindir. Después, dentro de ella se definen prioridades.
- Los **deseos**, en cambio, pertenecen a la esfera de lo estético, de lo agradable, de la calidad de vida. Todos éstos son aspectos que a menudo nos inclinamos a definir apresuradamente como *superfluos*, lo que origina largas disputas.

Expresar juicios sobre el objeto de un deseo cualquiera, definiéndolo como "inútil" o "superfluo", es, en realidad, lo que más nos irrita. Como escribe la periodista francesa Christiane Collange en el libro *Nuestro dinero*, el límite entre necesidad y deseo "es de los más elásticos y personales que puedan encontrarse. Entre las necesidades, algunos... incluyen con toda lógica una semana de vacaciones...; otros, un automóvil que pueda correr tranquilamente a 220 kilómetros por hora".

A menudo, los conflictos sobre el dinero surgen porque subestimamos la importancia que un niño atribuye a un deseo.

Si escarbamos en los recuerdos de nuestra infancia, surgen recuerdos de sentirnos desilusionados cuando los mayores se negaban a comprarnos cosas de poco valor, pero que a nuestros ingenuos ojos de niños parecían más valiosas que el tesoro de Alí Babá: el cochecito o el broche para el pelo igual al de la compañera de banca.

Los deseos nos transportan a un mundo fantástico y gratuito; precisamente por eso, son necesarios para salir de la lógica utilitaria y refugiarse en un espacio de libertad.

No deben, por tanto, menospreciarse, sino considerarse seriamente, aunque en la jerarquía de las prioridades se pospongan a las necesidades.

Si los niños se acostumbran a **establecer prioridades** entre sus necesidades y a distinguir entre estas últimas y sus deseos, lograrán construir poco a poco un sistema de valores para el uso correcto de su dinero.

4. Aprovechando la **atención puesta sobre el ahorro,** el padre trata de inculcar la buena costumbre de apagar la luz cuando se sale del cuarto, con la esperanza de ganar una batalla normalmente condenada al fracaso.

Pero usa el instrumento del **premio** más que el del castigo: quien no tenga ninguna falla, no tendrá que lavar platos cuando le toque.

Si nadie vuelve a dejar prendida la luz, el papá habrá logrado el fin que se proponía: hacer que se vuelva automático el gesto de apagar la luz antes de salir del cuarto.

Al proponer un **objetivo positivo**, ha querido estimular en los niños el deseo de enfrentar el reto.

Si lo logran, habrán reforzado su sentido de competencia y de autoestima.

Por el contrario, cualquier actitud negativa, del tipo: *"¿Cuántas veces he de decirte que apagues esa luz?"*, o bien: *"¡Si vuelvo a encontrar encendida esa lámpara, te quedas sin salir una semana!"*, no logran el propósito y provocan, en cambio, frustración, resentimiento y desaliento.

HISTORIAS DE RATERILLOS
Y EXCUSAS VARIAS

Lucas y la pelotita mágica

Mientras Ofelia espera a pagar la cuenta de la papelería, su hijo Lucas, de 5 años, curiosea entre los estantes.

Al volver a casa, en el elevador, se le nota muy tranquilo, concentrado en la contemplación de una esfera de plástico en cuyo interior flotan blancos copos de nieve.

"¿Pero no es ésa la bolita que yo quería comprarte en la papelería?", dice muy enojada su mamá.

Lucas levanta los ojos inocentes con una mirada perpleja.

"¡Y tú te atreviste a tomarla, de todos modos!, ¿no es cierto? Si yo no te compro una cosa, tú te la robas, ¿verdad?".

¿Por qué roba un niño pequeño?

Tal vez la palabra "robar" es demasiado fuerte para aplicarla a los pequeños hurtos de nuestros niños: una goma de borrar en forma de camello, una pinza con perlitas para el cabello, una bolita mágica de esas que saltan por todas partes.

Podríamos recurrir al concepto de **apropiación indebida**: el niño se apodera de algo que no alcanza a considerar como perteneciente a alguien en particular.

Con frecuencia, el botín está al alcance, exhibiéndose atractivamente en los estantes del supermercado... ¿Y cómo saber que antes de tomarlo hay que pagarlo?

Todo eso es cierto. Pero sigue siendo verdad que el pequeño vándalo se ha apoderado de algo que no es suyo.

¿Por qué se porta así, si procuramos que no le falte nada? ¿Será posible que no se dé cuenta de que ha hecho una travesura? Es posible que sólo trabajosamente, con el paso de los años, el niño adquiera la capacidad de posponer la satisfacción de un deseo.

Jean-Jacques Rousseau (1712-1778), el filósofo francés considerado el padre de la pedagogía moderna, sostenía que los niños nacen buenos, pero inconscientes.

Por eso, a menudo se portan de manera muy egoísta, porque no se dan cuenta de que sus acciones pueden tener consecuencias desagradables para los demás. Y no sólo eso: junto con la tendencia natural a transgredir las reglas, tienen también un sentido agudísimo de la justicia, pero de una justicia en un solo sentido: vale para ellos, pero no para los demás.

En ocasiones, la tendencia a los pequeños hurtos ocurre precisamente en los **momentos más delicados del crecimiento**: el nacimiento de un hermanito, la entrada a la guardería, el alejamiento de uno de los papás. En estos casos, el niño sigue un impulso que en ese momento no puede encontrar diques: la necesidad de apoderarse, en forma simbólica, de algo que se le ha "robado".

He aquí la razón por la que es importante que nuestras enseñanzas morales estén sustentadas en una profunda **comprensión afectiva** del pequeño y de sus exigencias. Cuando esto no sucede, nos encontramos ante resultados al parecer inexplicables, como en el caso de dos hermanos crecidos en la misma familia, educados por los mismos padres y con los mismos principios morales. Y, sin embargo, el primero tiene fama de santo mientras el otro es una oveja negra.

Estrategias que hay que seguir

1 Evitar las preguntas directas

Tratemos de evitar preguntas demasiado directas. A un seco reproche de: *"¿por qué lo hiciste?"*, el pequeño no está en condiciones de responder, porque ni él mismo es consciente de las motivaciones de su proceder, y será difícil que logremos arrancarle una confesión completa. Salvemos el obstáculo con insinuaciones en las que haya una cierta sugerencia, con la que tratamos de ayudarlo a **expresar sus sensaciones**: *"Te gustaba mucho esa bolita con la nieve, ¿verdad? Pero, ¿crees que tenías verdadera necesidad de ella? Cuando la viste, ¿tuviste el deseo de tenerla inmediatamente?"*.

2 No reprenderlo

Las amenazas (*"Si vuelves a hacerlo, te quitaré tu cochecito rojo que tanto te gusta"*), o los castigos (*"Durante dos días, nada de televisión"*), son reacciones instintivas, pero de escaso efecto. De hecho, el poder intimidatorio del castigo o de la amenaza dura bien poco, y no fomenta el sentido moral en el niño.

No lo acusemos (*"¡Eres un delincuente, debería darte vergüenza!"*).

Aun manteniéndonos firmes en nuestros principios, tratemos de comprender sus sentimientos y de mantenernos cerca de él, sin ponerle etiquetas, de las que difícilmente podremos desprendernos, ni nosotros mismos ni él.

En efecto, hay una gran diferencia entre decir a un niño: "Eres un ladrón", y decirle: "Has tomado algo que no es tuyo, no vuelvas a hacerlo".

3 Explicarle las consecuencias de su acción

Lo más eficaz es explicarle lo que ha hecho, porque en cierto sentido, ni él mismo se da cuenta de lo sucedido.

Limitémonos a describir la acción y estimulemos sus **buenos sentimientos,** dramatizando ligeramente la situación: "Para el tendero, vender juguetes es un trabajo cansado. Se levanta temprano todas las mañanas para preparar la mercancía sobre los estantes; está de pie todo el día detrás del mostrador, y con el dinero que logra reunir de sus ventas puede comprar lo que necesitan sus niños. Si todos hicieran lo que has hecho tú, ¿cómo podría vivir?".

4 Hacerlo reflexionar y acompañarlo a devolver lo mal habido

"¿Te gustaría que alguien tomara uno de tus juguetes sin pedírtelo? ¿Qué querrías que hiciera el compañero que te lo robó?"

Invitemos al pequeño a devolver el botín, teniendo cuidado de no humillarlo *("Mañana iremos juntos a la papelería y devolverás al dueño lo que le pertenece. Puedes decirle que lo tomaste por equivocación. ¿Temes que te regañe? No, ya verás, entenderá y se pondrá muy contento").*

Puede ser penoso, pero de ninguna manera permitamos al niño quedarse con el objeto robado, y menos aún tratemos de hacerle de su intermediario yendo a pagarlo: perderíamos una excelente ocasión de enseñarle a **entrar en relación** con los demás.

Cuando los que "roban" son más grandecitos

Rodrigo y los nuevos discos compactos

Desde hace tiempo, Alberto, que trabaja en publicidad y es padre de Rodrigo, de 9 años, y de Jaime, de 11, ha notado que periódicamente falta dinero de su billetera. No se trata de grandes cantidades, y por eso al principio pensaba que lo habría gastado sin darse cuenta.

Pero el hecho se repite con demasiada frecuencia para poder explicarlo con amnesias recurrentes. Esta vez está seguro: alguien esculca en su billetera y sustrae el dinero. Durante el último fin de semana, cuando le desaparecieron 200 pesos, Jaime andaba de viaje con un grupo de Scouts. El círculo se reduce... ¡no, no puede ser Rodrigo...! Pero, bien pensado, desde hace poco, ha empezado a traer a la casa algunos CDs que, por alguna razón inexplicable, su amigo Jorge le regala con una actitud de desprendimiento y generosidad poco probables.

"¿Por qué necesita robar?", se pregunta Alberto, que regularmente le da a Rodrigo una cantidad semanal para sus gastos menores. "¿Será posible que no le basten los 200 pesos semanales? Y aunque así fuera, ¿por qué no ha pedido más, puesto que en su familia nunca han tenido problemas de dinero?"

El psicólogo Giovanni Marcazzan lo explica: "Rodrigo puede sentirse impulsado a robar por dos motivos. Ante todo, quiere satisfacer un deseo inmediato, y al igual que un niño pequeño, piensa poder obtener cualquier cosa sin tener que pagar por ello algún precio. En segundo lugar, tiende a evitar los enfrentamientos y se niega a seguir las reglas, simplemente, porque son un obstáculo para obtener el objeto deseado".

Es como cuando era pequeño y, a cambio de su "domingo", el papá le pedía que sacara al patio la bolsa de basura, y él se limitaba a esconderla detrás del carro del vecino. Rodrigo pudo muy bien haber querido **llamar la atención**; pero sintiendo que no lograría negociar con los papás, ha elegido el camino de la transgresión.

Estrategias que hay que seguir

1 No ignorar los hechos

Si fingimos ignorarlo, estaremos actuando como Rodrigo, rehusándonos a **enfrentar la realidad.**

2 Hablar del problema sin rencor

Afrontemos el problema, pero sin escenas dramáticas ni interrogatorios, aunque sintamos que el niño se ha burlado de nosotros y nuestra primera reacción sea la de castigarlo y descubrirlo ante toda la familia.

Lo que nos urge no es cerrar un juicio que evidencie al culpable, sino más bien evitar que el hecho se repita. Para obtener este resultado, el único camino que ha resultado eficaz es hacerle comprender el **mecanismo** que le ha impulsado a robar, para desactivarlo.

Busquemos un momento en el que nuestro resentimiento contra él se haya calmado, y hablémosle procurando tener siempre presente más su necesidad de ayuda, que la nuestra de "hacérsela pagar".

Y ahora estaremos en el estado de ánimo apropiado para infundirle confianza. Si con su gesto buscaba atraer la atención, mostrémosle cómo obtenerla sin necesidad de portarse mal. Hablémosle con **respeto**, de modo que se sienta motivado a modificar su conducta.

Ha hecho algo grave, que no debe repetirse, pero todos tenemos momentos de debilidad. Él sabrá superarlos, de eso estamos seguros.

Es muy natural tener deseos, pero hay que **aprender a expresarlos**, y no se tiene derecho a satisfacerlos sin tener en cuenta a otras personas y las reglas sociales.

En cualquier caso, las consecuencias pueden ser más dolorosas y frustrantes que el cumplimiento del deseo: de un momento a otro se corre el riesgo de ser descubierto y de perder los objetos que tanto habíamos deseado.

3 Recogerle lo que no le pertenece

Todos nuestros discursos no alcanzarán su objetivo si no los acompaña una medida drástica: los CDs deben recogerse, porque se adquirieron con dinero que no era suyo.

Para poder recobrarlos, Rodrigo tiene que encontrar el modo de **ganárselos** con un "compromiso extraordinario", por ejemplo, lavar el auto del papá, limpiar el baño durante una semana, sacudir los muebles.

¡Pero, cuidado! Hay que dejar bien claro que no se trata de un **castigo**, sino de una **consecuencia negativa**, derivada del comportamiento. Basta con que lo cambie, para que las **consecuencias** se vuelvan **positivas**.

De esta manera les habremos enseñado que para lograr algo que se desea, el camino del compromiso es mejor que el del subterfugio, la excusa y el pretexto.

4 Animarlo y darle confianza

Es importante alabar al niño por los buenos resultados obtenidos en el cumplimiento de la tarea que se le haya encomendado, dándole un refresco, algo que le guste o alguna otra muestra de aprecio. Es una técnica que los psicólogos llaman "refuerzo positivo", que demuestra ser extraordinario por cuanto que mejora el comportamiento y la autoestima de los niños.

Demostrémosle confianza, dándole dinero para que haga pequeños encargos para la familia.

Ésta será para él la mejor **recompensa**.

NOSOTROS, EL DINERO Y NUESTROS HIJOS

En la sala tenemos la foto del bisabuelo, con su gran bigote, quien se gastó con una bailarina todo el dinero que tenía. (Claudia, de 6 años).

Si es cierto que nuestros hijos se contagiarán por nuestra relación con el dinero, antes de enfrentar el problema con ellos vale la pena entender cómo son **nuestras relaciones con el dinero.**

Hay quien goza de buena salud, que se siente a gusto consigo mismo, feliz en el amor, satisfecho en el plano profesional, reconocido socialmente o en el ámbito intelectual; pero jamás he encontrado a alguien que se considerara satisfecho de la relación que tiene con el dinero. (Christiane Collange, tomado de su libro *Nuestro dinero*).

Quien mas quien menos, experimenta respeto por el dinero, una mezcla de insatisfacción o de culpa.

Conocer los síntomas por los que se manifiesta el "mal del dinero" puede ayudarnos a tomar las precauciones necesarias para evitar transmitir el "virus" a nuestros hijos, del mismo modo que, cuando tenemos gripe, cuidamos mucho de no estornudar frente a ellos.

De acuerdo con los psicólogos, la **impaciencia de gastar** es una característica infantil, que el niño supera cuando aprende a posponer la satisfacción inmediata de los deseos propios.

Algunos estudiosos relacionan el problema con la falta de una figura **paterna** en los años de la primera infancia.

En cambio, de la influencia **materna** parece derivarse la tendencia a la tacañería, o —para usar un término más elegante— la **renuencia a gastar.**

Tacaños y manirrotos

El tacaño

El tacaño se aferra al dinero por una necesidad de seguridad. Acumula dinero para los malos tiempos: en caso de desempleo, enfermedad o divorcio.

Todas estas son preocupaciones legítimas, pero no deben transformarse en obsesiones.

Mi madre escatimaba en todo y, cada vez que tenía que echar mano de la billetera, empezaba a quejarse. A mí me avergonzaba que en las tiendas regateara durante horas enteras para lograr que le rebajaran el precio unos pocos pesos.

En cuanto logré la independencia económica, me juré a mí misma que no repetiría los mezquinos esfuerzos de ahorrar de mi pobre madre. Sin embargo, la tendencia es más fuerte que yo: como directora de una agencia bancaria, percibo un magnífico sueldo, pero no logro gastarlo alegremente. ¡Para mí, pagar es un martirio! (Alejandra).

El fantasma de la madre ahorrativa reaparece a menudo en la memoria de muchas mujeres.

Mi madre era una buena ama de casa: con muy poco dinero lograba alimentar y vestir a la familia y mandarnos a misa con ropa siempre en buen estado. Nos asegu-

*ró siempre una vida digna, que le permitía no sentirse
pobre de solemnidad. Aprovechaba todas las cosas: la nata
de la leche y el pan duro para hacer dulces, las cenizas de
la leña para lavar la ropa, el calor de la estufa apagada
para poner a secar ciruelas o trapos mojados, el agua de
la limpieza personal de la mañana para lavarse las manos durante el día. Esta sabiduría, transmitida de madre
a hija durante siglos, termina conmigo.* (Annie Ernaux, tomado de su libro *Una vida de mujer*).

Pero no siempre es así. Con frecuencia, la "tradición" continúa con la hija.

*Mi madre, ahorradora prodigiosa, me ha transmitido
el horror al desperdicio, que en mí se ha transformado
en una tacañería espantosa.* (Marisa).

*La mía ha vivido con la angustia de llegar al fin del mes,
y a mí me ha quedado la pesadilla de las deudas y los
acreedores. Tengo tal pánico de quedarme sin dinero, que
a veces rozo en la avaricia.* (Angela).

Casos límite aparte, con respecto al dinero la gran mayoría
de las personas se sitúa en el grupo intermedio comprendido entre los dos extremos: la categoría del "manirroto" y
la del "tacaño".

Dos actitudes que no hay que confundir con las categorías del "derrochador" y del "avaro".

Mientras el "manirroto" gasta con facilidad, pero siempre tiene presente las necesidades propias y las de los demás, el "derrochador" gasta sin ninguna consideración a
los deberes consigo mismo y con los demás.

En el extremo opuesto, el "tacaño" debe hacer un tre-
mendo esfuerzo cada vez que se ve obligado a abrir la billetera para pagar, o para ofrecer cualquier cosa.

No hay que confundirlo con el "avaro", que ama el dinero en sí, solamente por el placer de acumularlo y poseerlo.

Los manirrotos

Las personas con "manos de colador" son, en general, entusiastas. Ante el objeto de sus deseos, no logran resistir, y compran. Tomemos por ejemplo los zapatos, una de las prendas de vestir por las que muchos parecen sentir una atracción irresistible. En casa tienen docenas de pares, pero cuantas veces pasan frente a una vitrina, no resisten ante la atracción que les causan las zapatillas azules, los pequeños zapatos con adornos o los mocasines bordados.

Los **manirrotos** no necesitan excusas ni pretextos para comprar. Actúan por impulso: salen con la intención de comprar un kilo de pan, y regresan a casa sin pan, pero, eso sí, con un gigantesco pastel.

Una vez sentí el impulso de comprarme una chaqueta sumamente costosa, pero pronto me arrepentí. Al llegar a la caja registradora, inventé que no llevaba suficiente dinero en efectivo y dejé como anticipo 300 pesos. Jamás volví a esa tienda, y perdí el anticipo. (Antonia).

Es difícil desarraigar del inconsciente **la huella de familia** y, como lo demuestran los ejemplos descritos, no basta con ser consciente de los límites de la educación recibida para poder librarse de ella. En estos casos es importante proponerse alcanzar dos objetivos.

1. Tratar de transmitir a nuestros hijos algunos principios de **administración del dinero** subrayando, según sea el caso, la importancia de la planeación y el ahorro, el deber de la solidaridad y el placer de la donación.

La prueba: ¿eres "cigarra u hormiga?"

Ésta es una prueba propuesta por el Centro Nacional de Educación Financiera de Estados Unidos, para verificar hasta qué punto uno puede considerarse "cigarra" u "hormiga". A cada una de las situaciones propuestas se le asigna la puntuación de **1** a **5**, vinculada al comentario que mejor corresponda a las características personales.

1 *Exactamente como yo*
2 *Muy parecido a mí*
3 *En ciertos aspectos sí, en otros no*
4 *Se parece un poco a mí*
5 *Completamente distinto de mí*

- Cada vez que recibo dinero, guardo un poco. ____
- Cada vez que recibo dinero, lo deposito en mi cuenta del banco o en una libreta de ahorros. ____
- Tomo nota del dinero que me llega de cualquier parte. ____
- Guardo una cantidad predeterminada de dinero para los gastos de la semana. ____
- Pongo en una libreta de ahorros el 10 por ciento del total del dinero que recibo. ____
- Mis gastos y mis ahorros se manejan según un plan escrito. ____
- Planeo los gastos del supermercado haciendo una lista. ____
- En el curso de una semana, hago al menos dos o tres visitas al supermercado o a la tienda de la esquina. ____
- Siempre que puedo, aprovecho los descuentos y cupones. ____

→

- Para cualquier adquisición, grande o pequeña, comparo costos, considerando calidad, valor y precio. ____
- No tengo tarjetas de crédito en números rojos. ____
- No como fuera de casa (ni desayuno, ni comida, ni cena), más de dos veces por semana. ____
- Llevo cuenta de todos mis gastos en efectivo, y conservo siempre los recibos. ____
- Controlo todos los estados de cuenta de la tarjeta de crédito, comprobando los recibos o facturas. ____
- Estoy pensando en inscribirme, o formo parte ya, de una organización para la defensa de los consumidores. ____
- Estoy guardando dinero para la universidad de mis hijos. ____
- En el curso de las dos últimas semanas he dado dinero, u otra cosa, a personas necesitadas. ____

Puntuación total

17-27 De grano en grano, vas llenando el granero. Alguna vez podrías incluso parar, y desgranar algo, sólo por placer.

28-42 Piensas en los meses de invierno y te abasteces de provisiones, aunque te concedas algún pequeño lujo.

43-58 Si quieres volverte un poco hormiga, deberías dedicar una hora a la semana a controlar las cuentas. Para ser cigarra, no tienes problema.

59-75 El granero está vacío, se acerca el invierno y sería conveniente que comenzaras a trabajar para abastecerte de provisiones.

75 o más Lo único que puedes esperar es recibir una herencia.

2. Hablar con los hijos de nuestras propias dificultades. El camino de la **sinceridad** es, a menudo, el único modo de evitar que se repitan nuestros errores.

CUÁNTO VALE EL DINERO

Una amiga de la abuelita que vivió la guerra, me dijo que debo besar el pan rancio antes de tirarlo. (María, de 6 años).

Estamos tan acostumbrados a hablar del **valor del dinero**, que no nos damos cuenta de que semejante expresión puede leerse también al revés: **el dinero es un valor**.

No sólo porque nos brinda la posibilidad de satisfacer nuestras necesidades vitales, de adquirir bienes e invertir para el futuro de nuestros hijos, sino sobre todo porque es la medida del esfuerzo y la inteligencia de quien lo ha ganado.

Al dinero, como tal, hay que respetarlo, a menudo con cautela, compartirlo con quien no tiene, hacerlo fructificar.

Con frecuencia nos rehusamos a hablar de dinero con nuestros hijos. El dinero, como el sexo, sigue siendo un tabú. Está presente, obsesiona en todo momento de la existencia, pero se le ignora.

Por motivos inexplicables, se considera necesario enseñar al chico la historia de los aztecas, el funcionamiento del péndulo, la guerra de la Independencia o el teorema de Pitágoras; pero nos resistimos a impartirle las nociones necesarias para desenvolverse en un campo que cada día se vuelve más complejo.

¿Dónde desaparece el dinero?

Quién sabe qué le pediría el pequeño Asdrúbal al abuelo Marco Porcio Catón, cuando paseaban juntos por las banquetas del Foro romano. ¿Pistaches cubiertos con miel? ¿Sandalias pintadas de rojo?

Catón, de todos modos, no debió de esforzarse mucho en, tirándole al nietecito de la túnica, alejarlo de aquellas pocas mercancías, iluminadas con la luz oscilante de las linternas. En efecto, era fácil convencerlo de que las frituras de la mamá eran mejores que los pistaches, y de que las sandalias hechas en casa eran más bonitas que las del mercado.

Durante siglos, y se podría decir que de milenios, las cosas siguieron prácticamente sin cambios.

Desde los tiempos de Asdrúbal, para hacer cualquier tipo de intercambio comercial se necesitaban tres elementos: la **mercancía**, el **vendedor** y el **dinero** necesario para comprarlo.

Pero, a partir de la década de los cincuenta, estos tres factores, aun cuando siguen siendo indispensables para la conclusión de un negocio, se han modificado tanto que se han vuelto irreconocibles. Y los niños, incluso los más grandes, no tienen alguna experiencia concreta de ello.

1. La mercancía

Hace años, quien quería tener una alternativa al agua de la llave, no encontraba otra cosa para elegir que los sobrecitos de refresco en polvo.

Hoy se encuentra desconcertado, sin saber cuál de las innumerables marcas de refresco elegir, en tamaño normal, grande, familiar o jumbo; y eso, en la escuela, en la oficina, en el estadio o en el refrigerador de la casa...

La **oferta se diversifica**, no sólo en el campo de los bienes superfluos, sino también en el de los productos en apariencia idénticos, como la gasolina y las comunicaciones telefónicas.

Y si finalmente se escoge una cosa en lugar de otra, es sólo por agotamiento, inducidos por una publicidad invasora que nos asalta desde la radio, el televisor, los periódicos, los anuncios panorámicos de las calles, el anverso de la tarjeta de crédito, dentro del elevador o los *spam* de Internet.

Querámoslo o no, a través del ojo mágico de la televisión y de la pantalla de la computadora, somos conducidos al abigarrado y reluciente bazar de lo inútil... indispensable.

Como nosotros, cada niño está expuesto en promedio 30 horas a la semana a una verdadera avalancha de anuncios publicitarios, prepotentes y asertivos.

2. El vendedor

Junto con la variedad de productos en venta, y con la publicidad necesaria para promoverlos, han aumentado los **canales de venta**.

De las pequeñas misceláneas se pasó a los supermercados y demás "súper", a los grandes almacenes y, por fin, al centro comercial (el *"mall"*): ciudades enteras transformadas en un único e interminable negocio de autoservicio en el que todo está al alcance de la mano.

3. El dinero

Para hacer compras hoy, no hay ya necesidad de llenarse la billetera antes de salir de casa, ni de contar los billetes para saber cuánto dinero llevamos.

El **dinero es invisible**, está reducido a un sistema electrónico *(bits)* en la memoria de una computadora también invisible.

La tarjeta de crédito (paradójicamente se le llama de "crédito", no de pago) se desliza rápidamente en la ranura protectora de un lector magnético. Y si la cuenta bancaria está vacía, no hay por qué preocuparse: se puede dar un "tarjetazo" y, antes o después, cubrir el saldo. Hoy día, para gastar basta con acordarse de un número y marcarlo en el teclado de la computadora, o en la pequeña terminal que nos presenta el mesero a la hora de pagar la cuenta en el restaurante.

Ni siquiera hay necesidad de firmar, todo sucede en el etéreo universo electrónico.

El impulso de adquirir

La poco menos que ilimitada oferta de mercancías, la multitud de canales a través de los cuales se nos ofrece, la insultante presión de la publicidad y el fácil uso del dinero electrónico, hacen cada vez más difícil resistirse al impulso a comprar.

Si esto es complicado para nosotros, los adultos, es fácil imaginar lo difícil que puede ser para los niños y los muchachos resistirse a las presiones para malgastar.

Mimados, respetados y escuchados, ellos son los que, según numerosas encuestas, determinan el tipo de automóvil que hay que comprar, el sitio a donde ir de vacaciones, además, naturalmente, de la ropa, el estéreo, la marca del televisor y el color del sofá de la sala.

En la actualidad, **los niños mueven negocios** enormes: en Italia, su capacidad de compra se evalúa en alrededor de dos billones de liras al año. Compran dulces, juguetes y revistas; pero, sobre todo, ejercen una influencia notable en las opciones de compra de los papás.

Cinco son las acciones que deben tomarse en cuenta, si no queremos que el **tener** sofoque al **ser**: cómo **ganar dinero**, cómo **gastarlo**, cómo **pedir prestado**, cómo **compartir**, cómo **ahorrar**.

1. Ganar dinero

"¡Qué cansado estoy!", dice mi papá cuando regresa del trabajo.

"En cambio yo, estoy fresca como una rosa", dice mi abuelita Andrea que es la que me cuida. (Julio, de 4 años).

"Mi abuelito ha enmarcado una frase escrita por él, que dice: «El que no trabaja, no come.» En cambio, mi abuelita me dice: «Come, come, y luego te dejo jugar»" (Fernando, de 6 años).

"Yo estoy contenta de haber nacido ahora, porque dicen que después ya no habrá trabajo". (Paola, de 5 años).

"Papá irá al programa de televisión de Jeopardy, *así nos haremos ricos".* (Michele, de 7 años).

"Mi hijo me asedia continuamente. ¿Por qué no participas en un programa de Jeopardy? *¿Por qué no vas al concurso de los miles de millones? ¿Por qué no marcas en tu celular ese número que pone y nos ganamos 50,000 pesos?".* (Francisco, papá de Michele, de 7 años).

Inundados de un raudal de centenarios de oro, seducidos por perspectivas de viajes de ensueño, deslumbrados por el brillo de lingotes de oro, los niños se fabrican una imagen del mundo fabulosa, en la que hadas y magos complacientes distribuyen dinero y felicidad: para hacerse millonario, basta con oprimir el botón adecuado.

¿Cómo hacerlos regresar a un sano sentido de la realidad en la cual, como dice el abuelo de Fernando, *"El que no trabaja no come"?*

De cuando en cuando, procuremos encontrar tiempo para ver televisión junto con los niños, y pedirles que nos

cuenten sus impresiones. De acuerdo con una investigación italiana de la R.A.I., realizada hace unos años por Renzo
Carli, catedrático de Psicología de la Universidad de Roma,
"se observa un enorme y difuso deseo de los niños de hablar con las mamás de todo lo que ven en la televisión. A
este deseo muchas veces no corresponde la misma disponibilidad por parte de los padres".

Estar juntos ante la pantalla del televisor puede ser una
ocasión de transmitir a los niños nuestro punto de vista sobre el valor del trabajo y del dinero. Contemos a los pequeños la historia del rey Midas, que había obtenido de los dio-
ses el poder de transformar en oro todo lo que tocara, y
luego se dio cuenta de que con ese don no podía vivir, porque el oro no se come...

La siguiente es una posible solución propuesta por una
mamá.

*Cuando hace unos años mi hijo mayor, que entonces te-
nía 6 años, veía en el televisor* El precio justo *y nos dijo:
"Yo de grande quiero ser multimillonario", mi marido y
yo decidimos comenzar a enseñar a nuestros hijos el valor del dinero y la dificultad de ganarlo, no por tacañería, sino para darles un instrumento que en el futuro les
ayudara a elegir las cosas con plena conciencia".* (Marta,
mamá de dos adolescentes).

Para explicar cómo apareció el dinero, por qué está ligado
estrechamente al trabajo y qué papel desempeñan los bancos, cuando sus hijos eran pequeños, Marta les contaba
una fábula que va más o menos así:

La historia de Trueque y Moneda

*Había una vez un artesano llamado Trueque, que fabri-
caba flechas, arcos y cuchillos, y los daba a los cazado-*

res a cambio de faisanes, perdices y jabalíes. Pero Moneda, su mujer, estaba enojadísima y no sabía qué hacer con toda aquella fauna silvestre. Tenía la bodega llena, y con el calor apestaba horriblemente.

"Necesito nueces para hacer un pastel y lana para la ropa de los niños", gritaba, persiguiendo a Trueque con la sartén para golpearlo.

Entonces, Trueque se fue a ver al pastor Banco, para obtener un poco de lana, a cambio de unos cuantos cuchillos.

"La lana de las ovejas está todavía demasiado corta", dijo Banco; "debo esperar al fin del verano para trasquilarlas. Pero un cuchillo me convendría ahora, para cortar el queso y prepararme la merienda".

"No hay problema", repuso Trueque. "Yo te doy el cuchillo ahora, y tú me das una hojita en la que esté escrito que me darás la lana cuando ya hayas trasquilado las ovejas".

Moneda quedó muy contenta con la hojita, y en poco tiempo tuvo muchísimas más, porque Trueque trabajaba con ahínco y pedía a todos sus clientes que le dieran hojitas. Banco, que era el único que sabía escribir, dejó de criar ovejas y pedía que le pagaran por producir billetes iguales a los que daba a Moneda...

Marta continúa:

Al analizar el contenido de esta fábula, podía hacer entender a los niños qué cosas hacen el pastor, el artesano, el campesino, el empleado, el que trabaja en obras hidráulicas, el alcalde... y qué habilidades se necesitan para desempeñar esas tareas.

Les explicaba que todo trabajo tiene un precio, y una vez los llevé a visitar mi oficina, y les expliqué las diversas actividades que desempeñaba cada empleado.

Cuando todavía estaban en la primaria, mi marido y yo dimos a nuestros hijos la posibilidad de tener una auténtica experiencia laboral, asignándoles pequeñas tareas caseras y exigiéndoles puntualidad, precisión y constancia al realizar, por más simple que pareciera, el trabajo de cada uno: dar de comer al gato, poner las servilletas en la mesa o poner el lavavajillas. Yo les pagaba con hojitas parecidas a las de Moneda, con estos mensajes escritos: "Vale por media hora de televisión..., por un paseo en bicicleta con papá, por tres helados...", *y ahora estoy contenta. Al ir creciendo, los chicos han empezado a hacer trabajos por los que se les paga, como por ejemplo, lavar autos o ventanas de los vecinos, trabajar de niñeras, dar clases particulares... y saben administrarse".*

2. Gastarlo

"¡Cómo me gusta gastar... Entrar a una juguetería y gastar en tonterías todo lo que tengo!" (Andrés, de 5 años).

Miriam, de 36 años, con dos niños de 6 y 10 años, tiene una receta muy simple en lo que se refiere a peticiones de dinero: *"¡Cuando es sí, es sí; y cuando es no, es no!"*.

Es sencillo, pero en la práctica a menudo no se logra aplicar esta receta, por un motivo: padres e hijos están de acuerdo en la necesidad de gastar dinero en juguetes, ropa, comida, diversiones... El conflicto surge en cuanto a las modalidades: cuál, cuándo, cuánto y cómo usarlo. Es aquí donde los límites entre el "no" y el "sí" se hacen menos evidentes y donde nuestros hijos se "empeñan" en sus demandas. En realidad, pensándolo bien, si estamos realmente seguros de cómo hay que proceder, lograremos transmitirlo con tal convicción que no admitirá réplica. Nadie consentiría en comprar a un niño una auténtica arma de fuego, a pesar de darle todos los caprichos de este mundo.

Se trata, entonces, de decidir cuáles son los límites sobre los que **no queremos transigir**, y estar convencidos, los primeros nosotros, los padres, de su necesidad. Sólo así lograremos tener la firmeza necesaria para decir que no.

Éste es un modo de vacunar a los niños contra el síndrome de la billetera fácil.

Enseñar el arte de gastar

"¡Magnífica hechura!", "¡con los puntos gánate una computadora!", "¡compra tres, paga sólo dos!", "novedad, el detergente con muñequitas..."

Expuestos a diez o doce horas semanales de publicidad, los niños son presa fácil de los trucos de la mercadotecnia y de la persuasión publicitaria. También en este caso, es importante que encontremos tiempo para ver la televisión junto con ellos, y hacerles entender de qué subterfugios se vale la publicidad para hacer que las cosas parezcan más bellas de lo que son en realidad.

Cuando van con nosotros de compras, propongámosles dos productos del mismo tipo y, de acuerdo con sus diferentes edades, pidámosles que seleccionen uno de ellos, basados en el precio, el peso, la hechura y la calidad del artículo.

Respetar la jerarquía entre deseos y necesidades

Yo tenía un amigo rico. Siempre me estaba diciendo: "Yo tengo siete chamarras, veinte pares de zapatos y catorce pantalones de mezclilla. Mi papá me ha dicho que le conteste: "No me interesa, al fin y al cabo no puedes ponerte más que una de esas cosas cada vez". (Luisito, de 7 años).

Se ha dicho que el propósito de los mensajes publicitarios es el de hacer necesario lo superfluo. La publicidad regala la ilusión de un mundo efímero, del cual el niño puede formar parte si logra tener el objeto publicitado. Sin esto superfluo, se siente uno **diferente**, está incompleto, lo rechazan los demás.

Todos los niños quieren ser aceptados por el grupo, y la cantaleta de que "todos, realmente todos lo tienen" se convierte en un marco de referencia muy preciso. Tener eso y exhibirlo, permite al individuo sentirse "en su sitio".

A este respecto, Gaia Servadio, en su ensayo titulado *Una infancia diversa*, escribe algunas palabras significativas.

A los niños no les gusta ser diferentes. Quieren ser idénticos a todos los demás. Todos quisieran llamarse igual, ser de la misma estatura y tener mamás vestidas de la misma manera...

El deseo de integrarse al grupo hay que respetarlo, pero dentro de ciertos límites: podemos decir que sí a pequeños objetos de uso diario, como la mochila y los cuadernos, pero decir que no, en todo caso, a ciertos lujos que en ocasiones no podemos permitirnos, y que, más que unir, separan. Por otro lado, muchos objetos de deseo son un verdadero atentado a la billetera, y es importante hacer entender al niño que determinados gastos están **fuera de lugar.**

Aprovechamos la ocasión para recordarles que existe otra forma de riqueza, menos aparente que la primera, pero mucho más importante. Esta riqueza se mide según las **dotes personales,** según la capacidad de entablar buenas relaciones con los demás. Y no temamos decir uno que otro "no", pero motivándolo siempre: "Nosotros preferimos gastar el dinero de otro modo".

Yo he encontrado una solución para hacer reflexionar a mi hijita sobre sus demandas. Cada vez que quiere un juguete, lo anotamos en una lista; después, cuando llega el momento de comprarlo, examinamos con ella la lista y la invito a que escoja el que más desea. Para ayudarla a decidir, le hago algunas preguntas: ¿qué puedes hacer con este juguete? ¿Lo usarás sola o con tus amiguitas? ¿Tienes ya otros juguetes iguales? ¿Piensas que es resistente o que se va a romper pronto? (Olga, mamá de Selena, de 7 años).

Al invitar al niño a **renunciar** a alguno de sus deseos, resulta útil hablar también de nuestros deseos no satisfechos. Al pasar frente a un aparador, muchas veces queremos comprar algo que, por el momento, no podemos permitirnos.

Podemos también jugar con el niño a **las cosas imposibles de comprar**: el canto de un pajarito, la amistad, el ruido de las olas del mar, el viento que sopla, los maullidos del gato...

Involucrarlos en las decisiones familiares

Cuando mi mamá no quiere comprarme algo, dice que cada persona tiene sus propias costumbres; pero, ¿por qué nuestras costumbres son siempre las más feas...? (Jonathan, de 4 años).

Teniendo en cuenta la edad, es importante explicar a los niños las decisiones familiares: así aprenderán a hacer **valoraciones,** a sopesar los pros y los contras de cualquier decisión y a dar el justo peso a cada una de las voces del presupuesto familiar, sintiéndose involucrados en la realización de los proyectos.

Aunque estemos pasando por un periodo económicamente difícil, no nos preocupemos por las reacciones de los niños ante nuestras respuestas de "no podemos permitírnoslo". Si les pedimos que colaboren porque estamos pasando por un momento de crisis, con frecuencia demuestran una inesperada sensibilidad ante nuestra petición y están dispuestos a poner en segundo plano sus deseos.

Después de los 9 años de edad, podemos pedirles que junten los recibos de luz, gas, teléfono... De esa forma podrán darse cuenta de lo que cuestan esos servicios, y es probable que por sí solos tomen la decisión de reducir los gastos inútiles. En estos casos, es importante salirse de vez en cuando de los esquemas rígidos del ahorro. La ocasión podría ser la de un cumpleaños, el aniversario de matrimonio o cualquier otra fecha significativa.

El propósito es comunicar a los hijos que el dinero, aunque sea importante, **se ha de respetar, pero no venerar**: una que otra vez podemos permitirnos alguna pequeña locura que celebraremos todos juntos.

Permitir que se asuman las consecuencias de las propias decisiones

Puede suceder, sobre todo las primeras veces, que el niño gaste todo el dinero de que dispone. Dejemos que lo haga. Con frecuencia, adquiriendo un objeto que está por debajo de sus expectativas o por encima de sus posibilidades, aprende más que escuchando disertaciones abstractas sobre la necesidad de valorar lo adquirido o de posponer la satisfacción de un deseo. No nos apresuremos a sacarlo del enredo en que se haya metido. **Aprenderá por sí solo** a renunciar, o a encontrar un modo de ahorrar.

3. Pedir prestado

Papá fue al banco a sacar dinero. Quiere comprarnos una estufa de vitrocerámica. (Vanessa, de 7 años).

Es difícil que un niño se encuentre en la necesidad de recurrir a un préstamo. Si dispone de dinero recibido como regalo o de una cantidad semanal, debería ahorrar, guardando el dinero hasta llegar a la cantidad necesaria para la compra.

Pero puede suceder que el objeto de su deseo sea razonable. Si, por ejemplo, es verano y quiere un juguete para la playa, no lo hagamos esperar hasta después de que haya terminado la temporada, cuando haya podido reunir el dinero necesario. Podemos **anticiparle la cantidad**, pero exigiendo el respeto a las reglas del préstamo: verificar la necesidad del mismo, fijar una fecha razonable para devolverlo y respetarla.

4. Compartir

Quiero mucho a mi papá, porque en el carro, junto con los dulces, tiene siempre 20 pesos para darlos a los pobrecitos. (Toñito, de 5 años).

Es importante que el acto de compartir, en la educación en el uso correcto del dinero, preceda al del ahorro. Antes de pensar en acumular dinero, es importante pensar en aquellos que no tienen lo suficiente para sobrevivir.

Los niños son muy sensibles a las necesidades de aquellos que están en situaciones menos afortunadas: podemos favorecer esta predisposición ofreciendo la ocasión para poder **expresarla en forma concreta**, aunque no se disponga de grandes cantidades. Lo importante es explicarles nuestro punto de vista al respecto. Si ante una mujer que pide limosna el niño nos pregunta: "¿Por qué hay pobres? ¿Por qué no tienen dinero?", no respondamos con explicaciones demasiado complejas sobre la riqueza y la pobreza, o los países en vías de desarrollo. En los primeros años, basta con dar a entender que existen muchas personas menos afortunadas que nosotros; algunas provienen de países pobres, donde

Si empieza un curso...
y no quiere terminarlo

Cada semana, un volante y la misma petición: "¿Me inscribes, mamá?".

Las estadísticas dicen que uno de cada tres niños abandona los cursos antes de terminarlos, provocando desilusión y decepción en los padres: "Con el sacrificio que hemos hecho... ¡Lo pagamos entero, y ahora tú dejas de ir!".

En realidad, aunque al reprochárselo hablamos de dinero, estamos preocupados por otra cosa: tememos que el niño sea inconstante y no sepa comprometerse.

Pero a menudo no tenemos en cuenta que para él no es fácil comprender qué significa en realidad seguir un curso. Una cosa es enamorarse del piano al ver al amigo tocándolo, y otra hacer todos los días ejercicios de solfeo y escalas. Una cosa es ver en la televisión a los héroes de las artes marciales, y otra descubrir que no es nada agradable que le tiren al suelo...   →

por ejemplo no hay escuelas para todos. Otras personas no tienen trabajo y, por tanto, no ganan lo necesario para comprarse ropa y comer. Pongamos **ejemplos** que tengan relación con su propia experiencia: "Estas personas nunca salen de vacaciones", "nunca han ido a la escuela", "no tienen casa".

- Si decidimos ayudar a la persona que pide la limosna, invitemos a los niños a **participar** en nuestro gesto y a que sean ellos mismos quienes ofrezcan la moneda al que la pide.

Por eso, antes de inscribir a un niño en un curso, es importante explicarle que se trata de un compromiso. Procuremos que comprenda las dificultades que va a encontrar, sin minimizarlas.

Procedamos con pactos pequeños: "Yo me comprometo a acompañarte al judo dos veces por semana y a comprarte lo que necesitas; pero tú te comprometes a ir a las clases durante estos meses. Después podrás decidir si continúas o no".

Si, a pesar de todo, tenemos la sensación de que el niño quiere abandonarlo no por una dificultad real, sino porque quiere acompañar al amigo que va a un curso distinto, no hablemos de dinero, sino reconozcamos sus razones: "Comprendo que quieras dejar el judo para inscribirte en un curso de natación con Antonio, pero sería una lástima. Estás aprendiendo tanto... Mira, terminemos este año y luego decides. Mientras tanto, ¿qué te parece si invitamos con más frecuencia a Antonio a la casa?".

- Si no tenemos cambio, o ya le dimos antes, expliquemos al niño que nuestro rechazo **no significa falta de interés** por el prójimo.
- En cambio, si nuestra opción es de algún modo contraria a la limosna casual, digamos al niño que preferimos dar una contribución a quien nos asegura un uso correcto del dinero como, por ejemplo, una organización social. Así les transmitiremos el sentido profundo de la **solidaridad**, y de que ésta debe ser eficaz.

5. Ahorrar

Yo no pongo nunca el dinero en la alcancía, porque hay que romperla, ¡pero es mía! (Gustavo, de 5 años).

Mi papá siempre me hace regalos, pero los juegos electrónicos quiere usarlos él. Cuando yo juego con ellos, siempre dice que se descargan las pilas y hay que ahorrar. (Pedrito, de 6 años).

La frase de Pedrito demuestra claramente la antipatía innata de la mayor parte de los niños a usar el "cochinito", en cuya panza desaparecen las queridísimas moneditas. Los niños, en efecto, carecen de la **capacidad de posponer** por mucho tiempo la satisfacción de sus deseos, y se les dificulta imaginar en qué va a ir a parar su dinero.

Cuando sean un poco mayores, será más fácil persuadirlos de que guarden una cantidad para adquirir un juguete especialmente costoso, con lo cual les damos la posibilidad de comprobar cómo va creciendo día tras día su tesoro.

El ahorro enseña a posponer la gratificación, a programar para el mañana y a comprender la relación que hay entre guardar el dinero y la posibilidad futura de gastarlo.

En algunas familias se acostumbra dar a los niños tres cajitas donde guardan su dinero. Cada cantidad que el niño recibe se divide en tres: una pequeña parte, del 5 al 10 por ciento, se aparta para fines humanitarios; el 60 por ciento para las necesidades del diario, y el resto como ahorro. Para fomentar el esfuerzo del niño, al final del año, los padres a menudo duplican la cantidad que hayan ahorrado.

CUANDO NO ES NECESARIO MERECER LOS REGALOS

El Niño Dios y el "ratoncito de los dientes"

El poder sugestivo de la Navidad

Era la Navidad de 1914, cuando la Primera Guerra Mundial. En el frente occidental, soldados escoceses y alemanes salieron de las trincheras, bajaron las armas y se reconciliaron, intercambiando pequeños regalos, bailando, cantando y jugando futbol juntos.

Durante unas horas, el atractivo de la Navidad fue **más fuerte** que las despiadadas reglas **de la guerra.** El recuerdo del día más feliz de la infancia venció al tabú del odio y, aunque eran enemigos, se reconocieron como hermanos.

¿De dónde se deriva el poder sugestivo de la Navidad? ¿Cómo es que la Pascua de Resurrección, la fiesta más importante del año litúrgico católico, no es capaz de despertar las mismas emociones? ¿Por qué la Navidad es fundamental incluso para quien no le reconoce un valor religioso?

Los valores de la Navidad no se transmiten de modo racional, sino mediante gestos y símbolos de extraordinario **poder de evocación**, como el portal, el árbol, las luces, la cena de Nochebuena... y el Niño Dios. En la celebración de la fiesta se unen elementos de un conjunto de ritos, símbolos, costumbres y tradiciones que tocan a los estratos más profundos del inconsciente y que ejercen una **poderosa influencia** sobre los niños.

Objeto de miles de cuidados y atenciones, nuestros hijos siguen cursos de natación, karate, baile, música, inglés, van a fiestas, manejan "su" televisión, la computadora o los videojuegos.

Pero, ¿cuándo les **dedicamos todo un día** a ellos? ¿Cuándo pensamos en ellos tal como son, y no por lo que deberían ser o hacer?

Y ahí está el milagro.

Cada año, en un día muy especial, llega el Niño Jesús (o un anciano o un hada), que durante la noche les trae regalos del cielo: no porque hayan sido buenos, sino sólo porque ése es el día en el que todos los niños reciben obsequios.

Y si sólo reciben "carbón", se trata de una broma, ¡porque hasta el "castigo" es dulce y se puede comer!

Esto da la seguridad de que en el mundo, además de mamá y papá, hay un ser benévolo que piensa en todos los niños, incluso cuando los padres no pueden ocuparse de ellos.

El "ratoncito de los dientes"

Estudios hechos por psicólogos estadounidenses concluyen que a los 4 años todos los niños creen en "Santa Claus", y sólo el 20 por ciento cree en el "ratoncito de los dientes".

Cuatro años después, a los 8, sólo una tercera parte cree todavía en Santa Claus, mientras los otros dos tercios confían en el ratoncito de los dientes.

Es una actitud sólo aparentemente ilógica, que proporciona, en cambio, un indicio importante: la fe de un niño en los personajes mágicos no se basa en elementos racionales, sino en su propia **necesidad de sentirse seguro.**

Para el niño que está cambiando los dientes, el ratoncito que deja algunas monedas a cambio del diente perdido es garantía de justicia. Simboliza la **benevolencia** de un mundo donde no se permite que se pueda perder nada sin que haya una compensación. A esta edad, el ratoncito justiciero es ciertamente más importante que Santa Claus.

Ya sé que Santa Claus no existe, ¡qué feo! (Angélica, de 6 años).

Impulsada por los adultos a renunciar demasiado pronto a sus fantasías en nombre de la racionalidad, Angélica se siente **oprimida por el rigor** del mundo en que vive.

Los niños, en cambio, tienen necesidad de recurrir al **pensamiento mágico,** de creer en las hadas buenas para mantener a raya la angustia, para **conservar la esperanza** en las cosas bellas, y con ello desarrollar una actitud optimista y positiva hacia la realidad.

Con Esteban he querido, desde un principio, hacerle entender sin remilgos el significado real de las cosas. Así, desde muy pequeño, a todos sus "porqués" yo le respondía diciéndole la verdad hasta sobre los temas más difíciles. Pero, ¡qué mal me sentí la última Navidad! Cuando le dije que Santa Claus, en la fiesta de su primo, era el tío Gustavo, me respondió: "Sí, ¿por qué entonces con los otros niños va el Santa Claus verdadero?" (Juan Carlos, papá de Esteban, de 6 años).

Los rituales favorecen la integración

Todos los niños se preguntan qué efecto habrá tenido en sus padres su llegada, si fue o no acogida con alegría.

Los niños asumen la celebración de la Navidad como señal de que su nacimiento fue también un acontecimiento gozoso, para sus padres y para todos. (Bruno Bettelheim, reconocido psicólogo infantil).

El nacimiento, con sus casitas esparcidas por las colinas de cartulina, iluminado por las fogatas de los pastores, surcado por ríos de papel de estaño, recogido en torno al pesebre que permanece vacío hasta la noche de Navidad, es un paisaje de fábula con el que los ojos de los niños no se cansan de soñar.

Y en el Niño acogido por ángeles, venerado por los Reyes Magos que llegan del Oriente y salvado milagrosamente de los soldados de Herodes, los pequeñitos encuentran la **confirmación de seguridad** que necesitan.

Ese día, el mundo está completamente al revés: **el Niño se convierte en el rey;** el más pequeño se convierte en el centro de atención, objeto de adoración y de regalos.

Y no sólo eso. La construcción del nacimiento, la decoración del árbol y la preparación de la cena navideña ofrecen al niño la ocasión, tal vez única en todo el año, de ayudar a sus padres, de **volverse necesario**, de sentir la fiesta como algo personal.

Como explica Fulvio Scaparro, de la Universidad Estatal de Milán, "la participación en los rituales da al niño la sensación de tener un lugar propio en la familia y una **identidad** reconocida por los demás. Además de ser ritos que le dan seguridad, favorecen su sentido de **integración** en la familia, que es el primer paso hacia una integración más amplia en la sociedad".

No hay que imponer la racionalidad prematuramente

Una investigación hecha entre adolescentes del Baltimore Junior College, de Estados Unidos, proporciona un dato sorprendente. Los que recurren habitualmente a la astrología, y que para cualquier decisión confían ciegamente en el libro chino del *I-Ching*, o consultan el tarot para conocer el futuro, han tenido, en el 90 por ciento de los casos, un tipo de educación racional.

"Cuando la racionalidad se impone prematuramente", escriben los redactores del informe, "el pensamiento mágico no sigue el proceso normal de desintegración por efecto del pensamiento racional. Sencillamente, se elimina y se relega al inconsciente y se replantea con toda su fuerza durante la adolescencia, cuando el chico se libera del predominio de los padres".

Si queremos ayudar a nuestros hijos a formarse una sana visión de la realidad y a adquirir la capacidad de hacerle frente, permitámosles creer en sus fantasías durante el **tiempo que sea necesario.**

A través de los ritos y los símbolos de la Navidad, damos cuerpo y realidad a sus sueños. Serán, como dice el poeta inglés Henry W. Longfellow, "los aniversarios secretos del corazón" que los acompañarán durante toda la vida.

EL ARTE DE RECIBIR
Y DE DAR...

... De edad en edad

A Santa Claus le pedí una larga lista de regalos. Pero, ma-má y papá me dijeron: "¿No te parece que ya lo tienes todo?" Y, ¡¿entonces?! Como lo tengo todo, ¿no debo ya te-ner regalos? (Jonathan, de 10 años).

Papá dijo: "Calma con los regalos, porque este año no hay mucho dinero". Pero, ¿eso qué tiene que ver? Santa Claus viene de Escandinavia, y es claro que no paga en pesos... (Hilda, de 7 años).

La experiencia emotiva de lo gratuito que los niños experi-mentan en Navidad brinda la ocasión de enseñar a los más pequeños el **altruismo** y la **generosidad**, condiciones in-dispensables para un crecimiento equilibrado y un desarro-llo armonioso de la relación, primero con las cosas y des-pués con el dinero.

Por esta razón, es importante aprovechar la Navidad para introducir a nuestros hijos a la alegría de dar.

1. Cuando se pregunta a los niños: *"¿Qué te gustaría reci-bir en Navidad?"* es bueno añadir de inmediato: *"¿Qué regalaremos a los abuelitos? Ya sabes que tus regalos son los que más les gustan".*

    Este pequeño gesto de **atención hacia los demás** es para el niño la ocasión de empezar a formarse una **imagen positiva** de sí mismo.

De los 2 a los 12 años y en adelante.
Las etapas de la generosidad

• **De 2 -3 años.** Aun a los pequeñitos de 2 a 3 años podemos enseñarles el placer de regalar. Podrán dedicar un dibujo para cada miembro de la familia y tomar parte en la entrega de regalos para los grandes.

• **De 4-5 años.** A partir de los 4-5 años, los niños están listos para comenzar a hacer un verdadero regalo propio. Para ellos, es particularmente importante saborear de antemano con impaciencia la alegría de quien lo va recibir, e imaginarse qué les podrá gustar. Por este motivo, el regalo que el niño ha preparado hay que recibirlo con entusiasmo. Un aprecio poco explícito sería para él una gran desilusión.

• **De 6-7 años.** Después de los 6-7 años, es el momento de invitar a los niños a hacer por sí solos sus regalos. Podemos sugerir que compren, con nuestra ayuda o con sus ahorros, el material necesario, y crear un regalo único y exclusivo.

• **De los 8 a los 12 años.** En la fase de la preado- →

---

2. También la ceremonia de la **apertura de los regalos** traídos por el Niño Jesús o por Santa Claus es buena oportunidad para educarlos en la atención a los demás.

En mi familia, repartirnos los regalos era una ceremonia especial. Los regalos se abrían uno por uno, y cada cual tenía que esperar pacientemente su turno, atento a quien en ese momento estaba ocupado en desenvolver el suyo. Si los regalos eran muchos, espaciábamos la entrega a lo largo del día.

lescencia, de los 8 a los 12 años, el deseo de hacer regalos no es ya tan fuerte. En esta etapa de turbación, los jovencitos son a tal grado presa de sus exigencias y de los cambios que experimentan, que tienen pocas energías para dedicar a la generosidad. En este periodo, sin embargo, son los compañeros de juego los que asumen una gran importancia. Animémoslos, entonces, a pensar en algo que pueda agradar a sus amigos.

• **De los 12 años en adelante.** Los adolescentes a menudo no se preocupan por hacer regalos en familia: son otros los problemas que les inquietan. Recordémosles los gestos de generosidad que los llenaban de orgullo cuando eran más pequeños y que quizá ya hayan olvidado.

Si están absolutamente poco dispuestos a hacer regalos, propongámosles que los sustituyan con pequeños servicios: algunas horas para cuidar a los primitos, hacer la compra para la abuelita o algún encargo para la vecina.

Encomendándoles tareas de los adultos: les demostraremos que reconocemos su nueva capacidad.

Este método resaltaba la importancia de cada obsequio, y sobre todo aumentaba el placer del que lo había hecho. De esta forma, nuestros hijos aprendieron a compartir las alegrías, a reprimir sus pequeños excesos de celotipia y a participar en el placer de cada uno. (Berry T. Brazelton, conocido pediatra estadounidense).

3. Pasadas las fiestas, recordemos a los niños que hay que mandar una muestra de **agradecimiento**, una carta o

un dibujo a todos aquellos de quienes hayan recibido un regalo, incluyendo al Niño Jesús y a Santa Claus.

Ayudémosles a **valorar** el regalo recibido, aunque valga poco, y a expresar por qué lo han apreciado: el hecho de haber sabido adivinar sus deseos, la elección de su color preferido, el cuidado con que venía envuelto, el amor de quien se ha acordado de ellos.

4. A todas las edades, desde la infancia a la adolescencia, hay un modo de expresar la propia **generosidad.**

Si el dar algo a los demás se presenta como una ocasión para ser "grande", y se convierte en un motivo para distinguirse, el niño no lo considerará como un deber que hay que evitar, sino más bien como un agradable desafío para consigo mismo.

Lo importante es no presentar los regalos como un precio que hay que pagar por algo que se ha recibido. Por ejemplo, más que decir: *"Debes hacer un regalo a la abuelita Lupe, que siempre se acuerda de ti con estupendos juguetes",* es mejor proponer: *"¿Recuerdas lo contenta que se puso la abuelita Lupe con el precioso dibujo que le hiciste en su cumpleaños? ¿No sería bueno hacerle algo especial también esta vez? Tú eres muy bueno para hacer regalos..."*

"PAPÁ, ¿ME DAS DINERO?"

Cuando cumpla 6 años y vaya a la escuela, mis papás me darán "mi domingo". Yo voy a estar contento, pero luego, lo tendré que gastar todo y no me quedará nada. (Samuel, de 5 años).

Yo querría que mi papá se quedara en casa a jugar, y que nosotros, los niños, pudiéramos dar el dinero para gastar. (Catalina, de 7 años).

Si haces un trabajo que te agrada, te pagan lo mismo. Pero, si te fastidia de plano, ¿te pagarán más? (Pedro, de 6 años).

¿Se debe dar dinero a los niños? ¿Cuánto, a qué edad y de qué modo? Sobre estos temas pueden desencadenarse "conflictos espantosos" con los hijos, dice Lorenza, madre de dos gemelos.

En efecto, el manejo del dinero supone opciones educativas y de valores, sobre las que a veces ni nosotros mismos tenemos **ideas claras**. ¿Es acertado dar dinero a niños con la condición de que ayuden en las tareas de la casa, o nuestros hijos tienen derecho a ello por el simple hecho de formar parte de la familia? ¿Debemos intervenir sobre cómo usan las cantidades que les confiamos o deben aprender a manejarlas en forma autónoma? ¿Hay que acostumbrarlos a llevar la contabilidad de sus gastos, o dejar que aprendan equivocándose?

Separar el dinero de los otros problemas

A menudo, con los niños nos expresamos con alusiones y sobreentendidos que conducen a altercados constantes:

"Con todos los sacrificios que hacemos por ti, no quieres ayudar..." "Quieres dejar de ir a las clases de piano, haciendo que todo lo que llevamos gastado se vaya a la basura..." "Trabajamos todo el día; ya es hora de que vayas siendo útil en la casa..." Si analizamos el significado de estas expresiones y nos detenemos en su sentido literal, nos sorprenderá descubrir que transmiten un **mensaje distinto** del que habríamos querido comunicar.

Paradójicamente, el niño puede tener la impresión de que nosotros hacemos sacrificios para que nos ayude en casa; o que el verdadero malestar consiste en haber desperdiciado el dinero y no en que él ya no quiera ir a clase de piano; y que nuestro afán de trabajar es para ver que nuestro hijo se ocupa de las tareas domésticas.

Para enfrentar los problemas con nuestros hijos, observan los expertos en comunicación, hay que decidir primero si el dinero es en realidad la causa del conflicto, entender qué es lo que está en juego y qué provoca la ruptura de la comunicación.

Durante una discusión que trasciende y se desliza hacia el tema del dinero, detengámonos un momento y preguntémonos siempre qué queremos realmente comunicar: ¿deseamos hablar de dinero, o del hecho de que el niño va mal en la es-cuela? ¿Queremos hablar de lo que gastamos en él, o estamos pidiéndole que nos lo agradezca?

Distinguir entre los **problemas de dinero** y **de comportamiento** es clave para la claridad y suaviza las tensiones.

Estrategias que hay que seguir

Proponemos a continuación diversas soluciones que nos permitirán deshacer los nudos de discordia entre nosotros y nuestros hijos.

De cada una presentamos las **ventajas** y la **dificultades**: a nosotros nos corresponde decidir lo que vaya más de acuerdo con nuestro carácter y con el de ellos, y lo que mejor se adapte a nuestras posibilidades económicas y a los objetivos didácticos que queramos lograr.

En la práctica, existen cinco formas en que los niños y los adolescentes pueden procurarse dinero.

1. A plazos fijos reciben una cantidad de dinero **a cambio,** o como paga, por pequeños trabajos hechos en la casa: es lo que llamamos el **domingo.**
2. A plazos fijos reciben una cantidad de dinero (su **semana,** o **asignación**) para sus pequeños gastos, que **no depende** de que hagan las tareas domésticas.
3. De cuando en cuando **piden** dinero, según sus **necesidades**.
4. De acuerdo con los papás, **sacan** dinero de una pequeña **caja común,** según lo vayan necesitando.
5. Cuando son más grandes, **ganan** su propio dinero haciendo pequeños trabajos fuera de casa: cuidando niños, o tareas semejantes.

En algunos casos, los chicos y chicas más emprendedores logran aprovechar inteligentemente más de uno de estos cinco métodos.

1. El "domingo"

El "domingo", a cambio de alguna forma de ayuda en casa, sigue siendo la forma más común.

Al fin he podido dejar de ser la sirvienta de mis hijos. Gisela dobla la ropa limpia, Federico tira la basura y cambia la arena del gato, y ambos se encargan de limpiar su pro-

pio cuarto una vez a la semana. Si no lo hacen, no hay "domingo". (María Luisa, mamá de Gisela, de 10 años, y de Federico, de 8).

Riesgos que hay que evitar

Son muchos los que piensan que ésta no es una buena fórmula, porque consideran muy poco educativo pagar para que los hijos contribuyan a hacer lo que es su obligación.

Por otro lado, muchos padres de familia se lamentan del hecho de que dar dinero a los hijos **con la condición** de que se cumplan ciertas obligaciones, a menudo es causa de continuos **conflictos**. Siempre se encuentra el modo de discutir sobre la calidad, la cantidad y el momento de hacer lo que se debe.

Habíamos decidido que, a cambio del dinero semanal, en las noches los chicos pondrían y quitarían la mesa, por turno. Las discusiones no tardaron en comenzar: una noche en que teníamos invitados a cenar, Carlos pretendía que Juan Pablo le ayudara, porque había más trabajo que de costumbre. Dos días después, otra escenita: esa noche, Carlos se había quedado a dormir en casa de un amigo y no pudo cumplir con su tarea: hubo que volver a organizar los turnos. En esa ocasión tuve la idea genial de que uno de ellos pusiera la mesa y el otro la quitara, el mismo día; pero el arreglo tampoco funcionó: unas veces Carlos llegaba tarde de la clase de judo y otras, Juan Pablo se levantaba de la mesa antes de terminar de comer, para ir a jugar basquetbol. En fin, no lográbamos entendernos. Acabé por renunciar: yo lo hago todo con mi marido, quien, por su parte, me dice que los estoy educando mal. En un determinado momento, decidió ser él

*quien arreglara el asunto, y durante dos semanas no qui-
so darles su "domingo" a los chicos. ¿Y qué pasó? Que para
sus pequeños gastos acudían a mí a escondidas.* (Ana, mamá
de Juan Pablo, de 10 años, y de Carlos, de 8).

En lugar de que sea la ocasión para fomentar en los niños la
capacidad de administrar su propio dinero, el "domingo"
puede transformarse en pretexto para interminables **recriminaciones,** con el riesgo de que se convierta en instrumento de una disciplina, que a menudo puede parecer arbi-
traria.

2. El presupuesto

En la mayor parte de las familias, el "domingo" no es tanto
una retribución por el desempeño de determinadas tareas,
cuanto una cantidad que se da regular y **gratuitamente** a
los hijos para sus gastos.

*Traer dinero en el bolsillo aumenta el sentido de perte-
nencia a la familia y crea una predisposición a asumir
la responsabilidad de contribuir al manejo de los deberes domésticos.* (Luisa, abogada, madre de tres hijos).

Si así están las cosas, para evitar confusiones, en vez de hablar de "domingo" es mejor usar la palabra *presupuesto* o
asignación fija, que describe con más precisión las características y el propósito del mismo.

Pero..., ¡atención!: para que funcione, el presupuesto no
debe nunca estar condicionado al comportamiento del chico. ¿Ha contestado mal a la mamá, ha obtenido bajas calificaciones en la escuela, ha golpeado al hermanito menor o
no ha ordenado su cuarto?

Hallemos el modo de tomar medidas **sin tocar** su presupuesto. De lo contrario, correremos el riesgo de condicionar al dinero nuestro amor, reduciendo nuestra acción educativa a un mero problema de dinero.

El objetivo

La finalidad del presupuesto es enseñar a los hijos los principios de una **buena administración**. Al manejar una cantidad pequeña, el niño aprende a prever los gastos y a establecer las prioridades satisfaciendo primero las necesidades y luego los deseos; a ahorrar para una compra importante, o a decidir por sí mismo el modo de hacer un regalo.

"Al tener la posibilidad de seleccionar, el niño da pasos seguros por la senda de su **autonomía**; es decir, aprende que la cantidad de que dispone le permite elegir entre varias cosas, pero no tenerlas todas", afirma Franco Frabboni, profesor de Pedagogía en la Universidad de Bolonia. "En cambio, quien no está acostumbrado a administrar por sí mismo pequeñas cantidades de dinero, no entenderá nunca la negativa del papá a comprarle alguna cosa, porque no ha podido entender todavía que el dinero no es algo que nunca se acaba".

¿Cuánto?

En general, la cantidad que se confía al niño no se da para satisfacer únicamente los gastos superfluos, sino que abarca tanto la adquisición de cosas necesarias, como el boleto del camión o los artículos de papelería, cuanto la satisfacción de algún deseo como una muñeca o un juego, el boleto del cine, ocasionalmente.

En cualquier caso, es siempre **limitada**. De esa manera, el niño se ve obligado a establecer prioridades, no sólo anteponiendo los gastos necesarios a los superfluos, sino renunciando también de cuando en cuando a alguno de estos últimos.

"En una palabra, se le enseña a satisfacer en forma realista sus deseos", como dice Marisa, una maestra de secundaria.

De acuerdo con los datos de las encuestas más recientes, el monto total de la cifra mensual oscila entre 50, 300 y 500 pesos, según el nivel de vida de la familia, la edad de los niños y los gastos que quieran incluirse en el **presupuesto**.

En muchas familias, se permite a los chicos usar el presupuesto en prendas de vestir de marca, u otros "tótems" generacionales.

Lina quería comprarse a toda costa, unos tenis Nike. *Yo le dije: "Te doy 300 pesos; tú pones el resto de tu presupuesto".* (Maya, madre de una inquieta chiquilla de 12 años).

Es una solución no muy rigurosa, pero que tiene en cuenta las presiones a las que están sometidos muchos chicos por parte de su grupo.

En general, el presupuesto es revisado de cuando en cuando, **adaptándolo** eventualmente a las cambiantes exigencias del niño. A menudo, con motivo del cumpleaños, es costumbre aumentar la cifra convenida, como premio por una buena administración del dinero o como símbolo de confianza en la capacidad de los chicos de mejorar y madurar.

Aprovechando la ocasión del **aumento,** se puede dedicar un poco de tiempo a valorar, junto con los hijos, de manera tranquila y constructiva, el uso que se ha hecho o se querría hacer del *presupuesto.*

- ¿Cómo piensan establecer las prioridades?
- ¿Qué desean adquirir cada semana, una vez al mes, o sólo ocasionalmente?
- ¿Con qué compras no se está de acuerdo, y por qué?
- ¿Qué opciones han demostrado ser erróneas, y por qué?
- ¿Cuánto dinero se ha guardado como ahorro?
- ¿Qué cantidad se proponen guardar con regularidad, para poder comprar posteriormente algo que les interese mucho, y cuyo precio sea superior al presupuesto semanal?

Pongámonos en actitud de escucharlos **sin juzgar** y sin dar consejos no solicitados, como hacíamos cuando eran pequeños, con la **técnica del espejo** (*véase* el capítulo "¡Es mío, es mío!"), aunque sus respuestas no correspondan exactamente a nuestras expectativas.

En este caso, el objetivo no es criticar su modo de actuar, sino más bien establecer un diálogo en un clima de confianza y de respeto, que pueda hacer aceptable a los niños y a chicos mayores escuchar un punto de vista distinto del suyo.

Si logramos evitar ser demasiado críticos y abstenernos del tono moralizador, la discusión sobre el **presupuesto** puede convertirse en la mejor ocasión de tener con nuestros hijos una **plática constructiva** y formativa.

Cuándo comenzar

Para poder manejar un presupuesto, los niños deben por lo menos saber contar. Por eso, no parece oportuno empezar **demasiado pronto** a confiarles cantidades de dinero a plazo fijo.

Si se les exige que lleven una contabilidad, la entrega de un presupuesto puede iniciarse sólo después del segundo año de primaria.

La frecuencia

El presupuesto se entrega en una fecha prestablecida. Para poner al chico en condiciones de manejar sus cuentas con precisión y previsión, es necesario que pueda contar con una cifra establecida, que se entrega en una fecha fija: una o dos veces por semana, para los niños más pequeños, una o dos veces al mes para los mayores.

Obviamente, es posible anular o incluso suspender temporalmente la asignación; pero, en este caso, debe ser el papá o la mamá quien **avise** al niño por anticipado, explicándole las razones y haciéndolo **partícipe**, si es necesario, de las dificultades por las que la familia está atravesando.

Riesgos que hay que evitar

Hay también quien se subleva decididamente contra el "domingo" y la asignación fija o presupuesto.

Se dice que hay que dar a los hijos una cantidad, semanal o mensual, para que la administre. Pero, ¿qué significa hacer que un niño administre dinero? ¿Quiere decir que se compre lo que quiera sin consultarnos? De ninguna manera. He visto a muchas amigas mías lamentarse de que sus hijos malgastan el dinero en golosinas y dulces. Y las estadísticas lo confirman.

Todos insisten en que los niños deben ser libres para elegir; pero, ¿elegir qué? ¿Hartarse de porquerías que hacen daño a la salud? Si aceptamos el principio: "Es mi dinero y hago con él lo que quiero", ¿qué les diremos cuando sean adolescentes y quieran empastillarse en un "reve"? (Teresa, periodista, mamá de dos hijos de 9 y 12 años).

Dramatismos aparte, lo que dice Teresa pone al descubierto algunos problemas.

Su "domingo", o el presupuesto, dan a los niños la posibilidad de **elegir** lo que quieren hacer con **su** dinero. Paradójicamente, sin embargo, se corre el riesgo de fallar precisamente el objetivo principal al darles su "domingo" o asignándoles un presupuesto: comunicar el valor del dinero, enseñar a no malgastarlo, destinarlo a comprar cosas útiles.

Quien elige la solución del "domingo" o de la asignación fija, se enfrenta a un dilema de difícil solución:

- o se da el dinero y se controla el modo de gastarlo, y en ese caso desaparece el propósito de hacer autónomos a los chicos;
- o bien se da el dinero para que hagan con él lo que quieran, pero entonces nosotros, los padres, no podemos intervenir en sus decisiones aunque no nos gusten, y renunciamos de hecho a desempeñar nuestro papel.

Y continúa Teresa:

Con estos métodos, quizá los niños sabrán administrar el dinero, pero seguro que no aprenderán a elegir la calidad de lo que compran. No comprendo el entusiasmo de quienes dan 50 pesos a la semana a sus niños y se quedan muy contentos porque el pequeño administrador, el sábado en la noche, presenta la lista de sus compritas: dos cajitas de chicle, una bolsa de palomitas de maíz, tres paquetes de papitas y un helado gigante con crema.

3. El método de pedir el dinero

Muchos padres sostienen que dar una asignación regular a los hijos favorece una actitud de consumismo con respecto al dinero.

Si tienes dinero en la bolsa, te entra el deseo de gastarlo. (Flavio, de 7 años).
Mi mamá me da el dinero, y a mí me corresponde gastarlo todo. (Juanita, de 5 años).

En la aplicación de este método, **las excepciones son la regla** y lo irracional dicta la ley. El dinero se da según la necesidad, sin plazo fijo ni límite de gastos.

La cantidad puede variar en forma notable, según el periodo del año y la personalidad del niño.

En una misma familia conviven cigarras y hormiguitas, y lo que ha funcionado con el primer hijo no se aplica necesariamente al segundo.

Yo tengo dos niños: Clara, la mayor, nunca ha querido dinero y si necesitaba alguna cosa, me pedía que se la comprara. Silvia, la menor, es una adolescente que no deja de especular con el dinero, y que desde los seis años quería ya tener el suyo propio. (Maru, mamá de Clara y de Silvia).

Al margen del carácter de algunos niños, darles dinero sin fecha fija resulta muy de acuerdo también con la propensión de algunos padres: los que son alérgicos a la contabilidad, los que no cesan de recibir avisos de cheques sobregirados, los campeones mundiales de la actitud desmemoriada, los que nunca tienen dinero en efectivo en el bolsillo.

Un plazo fijo más como el del "domingo" o el de la asignación, significaría gravarlos con otra pesadilla.

Este método ofrece, además, la posibilidad de un **control de las salidas,** porque el dinero se entrega cada vez para una finalidad específica.

Por encima de las características individuales, el método de pedir dinero es de todos modos preferible en diversos casos.

1. Cuando nos dirigimos a los niños **pequeños**, que no están en condiciones de llevar la cuenta de su dinero, o que todavía no han expresado el deseo de un manejo autónomo de sus gastos.

2. Puede ser una opción obligada en los casos en que las fuentes de ingresos **varían**, y por eso no se puede prever a largo plazo el modo de disponer del dinero propio.

3. Va más de acuerdo con quienes, por motivos religiosos o éticos, desean enseñar a los niños que **el dinero no es importante**, y que es preciso vivir con una actitud de confiado optimismo, sin hacer del dinero la fuente de la propia seguridad.

Riesgos que hay que evitar

Si no se decide de antemano un límite que no se puede rebasar, se corre el riesgo de descubrir en un determinado momento que para compras pequeñas se han asignado **cantidades gigantescas**.

Los resultados de diversas encuestas demuestran que, si se reparte el dinero sin programación, se tiende a gastar más quien adopta el método de la asignación fija.

Los hijos pueden pensar que los padres tienen una fuente inagotable de dinero. Por eso, si se elige este camino, de cuando en cuando tenemos que saber **negar** el dinero que nos piden.

De otro modo, el niño nunca podrá aprender a renunciar a alguno de sus deseos, o a posponer su satisfacción para un futuro más o menos lejano.

Además, el darles siempre el dinero que piden, no hay que interpretarlo como una señal de amor o de aprobación, o, peor aún, como la forma más sencilla de **quitárnoslos de encima**.

Por eso, es importante que los niños entiendan que el dinero se da ante todo para satisfacer **necesidades** y, ocasionalmente, para complacer algún pequeño deseo.

La opción de darles dinero "a petición" puede dejar en herencia a los hijos la costumbre de un **manejo caótico del mismo,** sin previsión alguna.

Es importante establecer reglas y comunicar de manera explícita los límites que deseamos imponer: cuáles son nuestros "no", y cuáles nuestros "sí". Este empeño de claridad puede reflejarse también positivamente en nosotros mismos, en caso de que se tienda a manejar de modo caótico la contabilidad.

Hay que tener también presente que con el sistema del "dinero a solicitud" es más difícil lograr una rigurosa **equidad,** para repartirlo a todos los hijos. Lo que sucede en general es que el más prepotente o el más seductor acabe siendo el **más favorecido.**

4. La caja común

La solución de la caja común logra evitar algunos de los problemas planteados por los métodos precedentes.

Los padres dejan en un cajón, una caja u otro sitio seguro, una pequeña suma de dinero que se **abastece periódicamente.** Cuando los chicos necesitan algo, pueden acudir a ella libremente, pero después de haber hablado con los padres, o dejando un vale que explique el motivo del retiro.

Como deben pedir **permiso** de sacarlo, los chicos tendrán que comunicar de qué modo se proponen gastar esa cantidad. Esto nos da la oportunidad de hablar con ellos de los criterios de su elección y de confirmar su validez. Es una buena ocasión también para explicarles **el valor del dinero,** no dándoles cantidades para administrar, sino enseñándoles a gastarlo en algo que de veras tenga valor.

Por otro lado, el poder retirar en forma autónoma el dinero, en vez de recibirlo de manos de los adultos, deja a los jóvenes un margen de autonomía y hace que sean más **conscientes** de las necesidades de los hermanos. Cuando "vacían" la caja, llevándose hasta el último centavo, deberán preguntarse si de esa manera no están privando a otro de la posibilidad de adquirir cosas tal vez más necesarias.

Al tener libre acceso al dinero que dejamos a su disposición, comprenden que les tenemos plena **confianza** y se sienten obligados a corresponder a ella.

A medida que van creciendo, una vez verificada su capacidad de juzgar debidamente, podremos darles **más libertad** de acudir a la caja común, sin que deban cada vez pedir autorización.

A diferencia del dinero "a petición", con la caja común es posible, si se desea, **controlar las cantidades** que se destinan a pequeñas compras: en efecto, basta con poner en la caja, cada mes o cada semana, una cantidad establecida de antemano.

Riesgos que hay que evitar

Como en el caso del dinero "a solicitud", se corre el riesgo de que los hijos piensen que podemos proporcionarles una fuente **inagotable** de dinero.

3. El trabajo de los jóvenes

A los 18 años, tendré que trabajar con el sudor de mi fren-

te; espero aprenderlo. Por ahora, todavía sudo con las manos (Juan, de 7 años).

La finalidad de todo proceso educativo es hacer llegar a la plena **autonomía.**

Tarde o temprano, nuestros hijos tendrán que ganarse la vida. Para evitar que el "tarde" se convierta en un "nunca", es oportuno que en los años de preparatoria empiecen a hacer algunos trabajos retribuidos: cuidar niños, dar clases, hacer encargos para alguna oficina, recoger fruta en verano o llevar a pasear el perro del vecino.

Es condición indispensable que los horarios de trabajo se tomen del **tiempo libre** de los chicos, y que no interfieran con los estudios, ni trastornen la marcha regular de la vida familiar.

Por esto es importante que, antes de aceptar una propuesta, el muchacho o la chica lo comente con los padres, para verificar si es **proporcional** a sus fuerzas y se adapta a él o ella.

Desempeñar un trabajo retribuido implica para el joven **muchas ventajas.**

- Lo acostumbra a asumir **responsabilidades,** a respetar horarios, a ser preciso en la ejecución de una tarea, a observar procedimientos previamente establecidos, a comportarse correctamente con los superiores, con los compañeros de trabajo o con el público.
- Además, mejor que mil sermones, es una oportunidad para que entienda lo importante que son en el mundo del trabajo las **habilidades** y la **competencia** profesionales.
- Y, no en último lugar, lo lleva a apreciar **el valor del dinero.**

El verano pasado, cuando recibió su primera verdadera paga, mi hijo comprendió cuántas horas de esfuerzo se necesitan para ganar 1,000 o 2,000 pesos. Desde ese día, cada vez que le doy dinero sin pedirle nada a cambio, ¡me da las gracias! (Lucía, mamá de Miguel, de 14 años).

Después de haber tenido una experiencia laboral y de haber saboreado la satisfacción de lo que significa **la independencia económica**, tendrá menos dificultad para **separarse de la familia** una vez llegado a la edad adulta.

"Pero, ¿por qué debo ser siempre yo?"

La familia como espacio de **solidaridad:** de ella recibimos ayuda, pero también se la damos. Este es el mensaje central que hay que transmitir a nuestros hijos para evitar, como dice Francisco, padre de Luis, de 9 años, y de Marcos, de 12, "que se les trate como a un banco, de donde se retira dinero sin siquiera molestarse en verle la cara a la cajera".

"Ayudar en la casa incrementa en los niños la sensación de seguridad y de responsabilidad cumplida, promueve su interés social y la capacidad de cooperación", afirma el psicólogo alemán Rudolf Dreikurs.

Los pequeños se divierten cuando pueden "dar una mano", están contentos de ayudar a los padres, se sienten **importantes** si tienen la oportunidad de colaborar: llevar un plato a la mesa, dar de comer al canario, depositar su ropa sucia en el canasto.

Pero son lentos y un tanto torpes todavía, y a veces su participación puede resultar un obstáculo, más que una ayuda.

Al hacer una tarea, los niños no tienen la misma perspectiva de los adultos: ellos ven **el trabajo como un juego**, y lo realizan al ritmo despreocupado de su propia diversión.

Cuando tengo prisa, prefiero hacer las cosas yo sola. Cuando ellos acaban, a mí me toca tirar la pasta a la que le han puesto sal, destapar el drenaje del fregadero donde han arrojado las sobras de una taza, ¡y volver a limpiar el piso! ¡No, gracias! (Gema, mamá de dos niños de 9 y 7 años).

De momento, sustituirlos puede ser más práctico. Pero una vez que hayan crecido, nos será mucho más difícil convencerlos de que se ofrezcan a ayudar en la casa. Cuando, a los 10 años, les pidamos que saquen la basura, correremos el riesgo de tropezarnos con una desdeñosa mirada de incomprensión, o peor, con una airada protesta, como si fuéramos culpables de estar explotando el trabajo infantil.

"¡Esto no es un hotel!", solían decir las abuelas.

"No, es mejor que eso, porque aquí no se paga", respondía el nieto impertinente.

En cierto sentido, tenía razón: en familia rige la regla de la **espontaneidad** y no la de la contabilidad; la de la ayuda, no la del servicio.

Si queremos evitar pleitos, recriminaciones y altercados, debemos actuar de modo que la autonomía de los niños y los muchachos, y por tanto la capacidad de gastar, vayan acompañadas de la asunción de **responsabilidades** al interior de la familia.

Pedir a los hijos que participen en las tareas domésticas no significa explotarlos, sino infundirles la conciencia de que son parte de un todo armónico, en el que siempre podrán encontrar y dar ayuda, en cualquier momento y a cualquier edad.

Al pedir ayuda a un niño, usemos un **lenguaje directo**: "Saca la basura por favor", evitando el tono interrogatorio de cortesía: "¿Serías tan amable de...?", "Si no tienes inconveniente, ¿querrías...?" "¿Quieres...?" Si nos responde que "no", nos sacará de onda, como dicen ellos.

Los niños pequeños toman estas formas de cortesía al pie de la letra, y piensan que se les está autorizando a dar una negativa.

En cambio, tienen un extraordinario sexto sentido para descubrir la más mínima señal de irritación en el tono de

---

De los tres a los 12 años.
Qué cosas podemos pedir a nuestros hijos

- **De los 3 a los 4 años.** Ayudar a recoger y guardar los juguetes en su lugar. Poner la ropa sucia en la canasta correspondiente. Recoger las migajas de la mesa.

- **De los 4 a los 5 años.** Ayudar a poner y a levantar la mesa.
  Regar las plantas.
  Dar de comer al perro o al gato.

- **De los 6 a los 8 años.** Mantener en orden su cuarto.
  Tender la cama.
  Acomodar el mandado.
  Poner y levantar la mesa.
  Sacar la basura.

- **De los 9 a los 12 años.** Ayudar a hacer las compras.
  Sacudir los muebles.
  Barrer el piso.
  Doblar la ropa limpia.

nuestra voz. "¡Ven acá y limpia la mesa!": damos la orden en un decibelio de volumen más alto del necesario, y ellos lo interpretan como un regaño injusto y sin motivo.

Hablemos abiertamente con ellos de la **distribución de las tareas** caseras, y definamos una serie de pequeños deberes adecuados a la edad.

REFERENCIAS BIBLIOGRÁFICAS

Autolitano, E., *Parlare di economia ai bambini* ("Hablar de economía a los niños"), Sonda, Turín, 2000.

Berti, A.E., A.S. Bombi, *Il mondo economico nel bambino*, (El mundo económico en el niño"), La Nuova Italia, Florencia, 1982.

Bettelheim, B., *Dialoghi con le madri* ("Diálogos con las mamás"), Edizioni di Comunità, Milán-Turín, 1979.

Brazelton, B.T., *Ascoltate il vostro bambino* ("Escuchen a su niño"), Mondadori, Milán, 1987.

Canton, P., *Il manuale dei soldi* (El manual del dinero"), Mondadori, Milán.

Collange, C., *I nostri soldi* ("Nuestro dinero"), Bompiani, Milán, 1990.

Coria, C., *Il denaro nella copia* ("El dinero en la pareja"), Editori Riuniti, Roma, 1994.

Friel, J.C., *Los 7 peores errores que cometen los padres*, Diana, 4a. reimpr., México, 2002.

Green, C., *Los niños de cinco a doce años*. Diana, México, 2002.

Gurtler, H., *I bambini hanno bisogno di regole* ("Los niños tienen necesidad de reglas"), red edizioni, Como.

Langis, R., *Saber decir no a los niños*, Diana, México, 2003.

Prekop, J., *Il piccolo tiranno* ("El pequeño tirano"), red edizioni, Como, 1998.

Santagostino, P., *Come fare crescere un bambino sicuro di sé* ("Cómo hacer crecer a un niño seguro de sí mismo"), red edizioni, Como, 2000.

SEARS, W., *Bambini 'capricciosi'* ("Niños "caprichosos"), red edizioni, Como, 1996.

SEVERE, S., *Come comportarsi con i figli per vederli crescere bene* ("Cómo llevarse con los hijos para verlos crecer bien"), Sonzogno, Milán.

ESTA EDICIÓN SE TERMINÓ DE IMPRIMIR
EL 30 DE JUNIO DE 2005 EN
ACABADOS EDITORIALES
INCORPORADOS, S.A DE C.V.
ARROZ 226 COL. STA. ISABEL INDUSTRIAL
C.P. 09820, MÉXICO, D.F.